CAHIERS

▶ n° 154 / 3ᵉ trimestre 2018

PHILOSOPHIQUES

CAHIERS PHILOSOPHIQUES
est une publication de la Librairie Philosophique J. Vrin
6, place de la Sorbonne
75005 Paris
www.vrin.fr
contact@vrin.fr

Directeur de la publication
DENIS ARNAUD

Rédactrice en chef
NATHALIE CHOUCHAN

Comité scientifique
BARBARA CASSIN
ANNE FAGOT-LARGEAULT
FRANCINE MARKOVITS
PIERRE-FRANÇOIS MOREAU
JEAN-LOUIS POIRIER

Comité de rédaction
ALIÈNOR BERTRAND
LAURE BORDONABA
MICHEL BOURDEAU
JEAN-MARIE CHEVALIER
MICHÈLE COHEN-HALIMI
BARBARA DE NEGRONI
STÉPHANE MARCHAND
MARION SCHUMM

Sites internet
www.vrin.fr/cahiersphilosophiques.htm
http://cahiersphilosophiques.hypotheses.org
www.cairn.info/revue-cahiers-philosophiques.htm

Suivi éditorial
BÉATRICE TROTIER-FAURION

Abonnements
FRÉDÉRIC MENDES
Tél. : 01 43 54 03 47 – Fax : 01 43 54 48 18
fmendes@vrin.fr

Vente aux libraires
Tél. : 01 43 54 03 10
comptoir@vrin.fr

La revue reçoit et examine tous les articles, y compris ceux qui sont sans lien avec les thèmes retenus pour les dossiers. Ils peuvent être adressés à : cahiersphilosophiques@vrin.fr. Le calibrage d'un article est de 45 000 caractères, précédé d'un résumé de 700 caractères, espaces comprises.

ISSN 0241-2799
ISSN numérique : 2264-2641
ISBN 978-2-7116-6005-6
© Librairie Philosophique J. Vrin, 2018

SOMMAIRE

▨ ÉDITORIAL

▨ DOSSIER
T. W. ADORNO

9 **Sujet-Objet : le dispositif Hegel-Kant**
Emmanuel Renault

29 **La fin de l'individu ?**
Adorno lecteur de Kant et Freud
Katia Genel

47 **Peut-on mener une vie juste dans un monde**
qui ne l'est pas ?
Notes sur Adorno et la morale
Christophe David

61 **Lire Hegel contre Heidegger :**
la critique adornienne de la pensée de l'être
Lucie Wezel

79 **Adorno et la dialectique de la liberté**
Isabelle Aubert

▨ LES INTROUVABLES DES CAHIERS

95 **Adorno et l'utopie, retour et détour**
S. D. Chrostowska, traduction par Elise Aru

▨ PARUTIONS

117 **Auguste Comte, *Cours sur l'histoire de l'Humanité***
(1849-1851)

120 **Annie Petit, *Le système d'Auguste Comte.***
De la science à la religion par la philosophie

ÉDITORIAL

ADORNO DÉCISIF

À la mémoire de Miguel Abensour

« On ne peut pas sortir de l'histoire autrement qu'en régressant[1]. »

Deux dates : 1903–1969. Entre ces deux dates se sont déroulées une vie, une traversée de la Première et de la Seconde Guerre mondiale, une épreuve de ce que l'historien Eric Hobsbawm a nommé « l'âge des extrêmes » (dictatures, fascisme, nazisme, ère des masses, extermination des Juifs d'Europe), une expérience de l'exil aux États-Unis puis du retour en Allemagne, une œuvre inséparable de l'histoire, une écriture d'une singularité fulgurante, une manière inédite de penser et d'agir avec d'autres philosophes, écrivains, sociologues, musiciens, sans subjuguer, ni ressembler, ni homogénéiser – manière qu'on a trop vite fait d'ignorer en la nommant « École de Francfort », quand il s'agit, au rebours de tout idéal d'« école », de concevoir la pensée partagée comme « plurale », « constellante », « intensive »[2].

La réception de l'œuvre d'Adorno en France n'a pas été simple, ni rapide, mais ce n'est pas le lieu de parler des résistances qui ont permis d'en différer la lecture, d'autant que cette lecture aujourd'hui s'élargit et gagne des cercles toujours plus larges. On sait bien que les monuments de l'histoire philosophique ne s'évanouissent pas parce qu'on choisit de les ignorer. Mais on sait également que les lectures ne se produisent jamais hors des alliances d'époques. Adorno notait lui-même, dans son *Kierkegaard*, que

les vrais rapports entre les philosophies dans leur apparition dans l'histoire n'ont jamais leur fondation dans des « structures de pensée » et des catégories, mais toujours dans des éléments pragmatiques et historiques [...], qui servent de fondement aux expressions conceptuelles et surgissent de nouveau, dès que la constellation objective de la pensée les attire à elle, que cela corresponde ou non à l'intention philosophique[3].

CAHIERS PHILOSOPHIQUES ▶ n° 154 / 3ᵉ trimestre 2018

1. T. W. Adorno, *Dialectique négative*, « Rapport à l'ontologie ».
2. Voir M. Abensour, « La théorie critique : une pensée de l'exil ? », *Archives de Philosophie*, n° 45, 1982, p. 180 : « plutôt que d'une école, il s'agit d'un *cercle*, ou mieux d'un *mouvement*, au sens où l'on parle d'un mouvement d'avant-garde. A partir d'affinités électives, de rencontres, de recherches communes, un petit groupe d'amis, partageant une même hostilité au monde, se constitue pour entreprendre une critique radicale du temps présent ».
3. T. W. Adorno, *Kierkegaard. Construction de l'esthétique*, trad. fr. E. Escoubas, Paris, Payot, 1995, p. 49.

Notre rapport aux livres mesure toujours quelque chose comme l'accroissement de durées indéfinies dans l'histoire. Il importe de s'interroger sur ce régulier détournement du temps dont nous sommes capables, quand des « constellations objectives » précipitent ces durées indéfinies en attention renouvelée. Il serait présomptueux de prétendre livrer en quelques mots les contours de la « constellation objective » qui nous précipite aujourd'hui dans la (re)lecture de cette œuvre si longuement négligée, du moins en France. Mais il est certain qu'Adorno fait partie de ces générations de penseurs dont Lukács, dans une lettre du 5 janvier 1966, adressée au germaniste italien Cesare Cases, disait qu'elles étaient « les plus décisives » parce qu'elles avaient « traversé plus de changements historiques que tout autre avant elles ».

Si plus que tout autre philosophe, Adorno est décisif, c'est parce que, dans sa traversée mouvementée du XXᵉ siècle, il n'a cessé d'interroger le mode d'implication de cette traversée historique dans le concept, et de redoubler cette implication en la traversant par « l'extrême contention du concept » [*Anstrengung des Begriffs*][4] : « Ce qui s'est produit depuis 1933 ne saurait en dernier lieu laisser inentamée une philosophie qui s'est toujours su opposée à l'équivalence de la métaphysique avec une doctrine de l'immuable »[5], écrivit-il à la relecture, en 1966, de son premier livre, *Kierkegaard*, publié en 1933. L'extrême contention du concept fut donc entamée et déliée de tout espoir de repos, au point qu'elle impliqua comme son corrélat obligé une réforme radicale de la pensée dialectique et de la réflexion.

L'*opus magnum* d'Adorno, mûri pendant dix ans après la fin de la Seconde Guerre mondiale, *Dialectique négative*, a dialectisé la dialectique pour se tenir au plus près de la contention hégélienne du concept. Le philosophe de Francfort reconnaissait à la dialectique spéculative le mérite d'avoir fait face à la non-identité, mais il se faisait plus hégélien que Hegel pour pouvoir l'être moins. Il inaugura ainsi une pensée capable de s'exposer à un négatif non niable, non relevable. Il entendait délivrer la dialectique spéculative de son essence affirmative en tournant le procès dialectique vers le non-identique. La mise en échec de la dialectique spéculative eut lieu dans la dialectique spéculative elle-même et il en résulta « le vertige » d'une dialectique non rivée à l'identité, la « dialectique négative », dont la frappe et le battement innervent la théorie critique d'Adorno.

Ce numéro n'a pas d'autre ambition que de déployer la courbe qu'épouse le travail philosophique d'Adorno depuis la réforme de la dialectique spéculative, où l'antinomie Kant/Hegel joue un rôle fondamental (Emmanuel Renault), jusqu'à la détermination nouvelle de la morale (Christophe David), de la liberté dans l'histoire (Isabelle Aubert) et, enfin, jusqu'à la conscience amphibologique d'une fin de l'individu, que le philosophe de Francfort a armée contre la réification généralisée (Katia Genel) et contre toute tentation ontologique (Lucie Wezel). Cette courbe achève son trait sous l'horizon de l'utopie, que le philosophe n'a pas conçue, à l'instar d'Ernst Bloch, comme une déclinaison de l'espérance, mais comme la réactivation d'un sens de la possibilité d'agir

4. T. W. Adorno, *Trois études sur Hegel*, trad. fr. E. Blondel *et al.*, Paris, Payot, 1979, p. 15.
5. T. W. Adorno, « Note » dans *Kierkegaard, op. cit.*, p. 303.

aussi radical qu'inédit (Sylwia Chrostowska). La trajectoire ici proposée vise une saisie transverse de l'ampleur des perspectives ouvertes par l'œuvre d'Adorno, elle pose des aiguillages, elle assure certaines connexions d'une ligne de réflexion à une autre, mais elle n'évite pas les sauts car elle n'épuise rien, voulant simplement donner une nouvelle chance de lire ou de relire.

Michèle Cohen-Halimi
(Université de Paris 8 Vincennes – Saint-Denis)

T. W. ADORNO

SUJET-OBJET :
LE DISPOSITIF HEGEL-KANT

Emmanuel Renault

L'objectif est d'analyser la manière dont les réflexions adorniennes sur le rapport du sujet et de l'objet procèdent d'une confrontation de Kant et de Hegel, l'un et l'autre soumis à une critique immanente faisant apparaître l'un et l'autre comme la vérité de l'autre, Kant ou Hegel se voyant attribuer une supériorité selon les questions considérées. Il s'agit d'une part de décrire la manière dont cette confrontation s'est développée dans les cours sur Kant et Hegel, dans les *Trois études sur Hegel*, dans la *Dialectique négative*, et dans l'essai « Sujet-objet », et d'autre part, de mesurer le caractère structurant de la confrontation Kant-Hegel pour un certain nombre de thèmes fondamentaux de la pensée adornienne, dont notamment celui du primat de l'objet.

L es deux essais publiés dans les *Modèles critiques* sous le titre « Épilégomènes dialectiques », « Sujet et objet » et « Notes sur la théorie et la pratique », frappent par leur densité philosophique autant que par l'art de la composition qui s'y déploie. Publiés en 1969, trois ans après la *Dialectique négative*, ils peuvent être considérés comme deux de ses plus importants prolongements. Alors que les « Notes sur la théorie dialectique » complètent l'ouvrage de 1966 en abordant un point essentiel de la critique marxienne de Hegel qui n'y avait été qu'évoqué, à savoir la thèse du primat de la pratique [1], « Sujet et objet » récapitule un ensemble de thèses fondamentales de la *Dialectique négative* relatives à la connaissance et à l'expérience. Le style de cet article relève de la démarche mise en œuvre dans la deuxième partie de l'ouvrage de 1966, celle d'une subversion des catégories de la théorie de la connaissance. Dans

---

1. Nous avons analysé ce texte dans « Théorie et pratique. Adorno présentiste et intempestif », à paraître dans les actes du colloque « Adorno contre son temps », Université Paris Nanterre, 2-3/03/2017.

l'un des rares moments d'autoréflexion méthodologique de cette deuxième partie, Adorno écrit à propos des rapports de l'essence et de l'apparence :

> Là où une catégorie se transforme – par dialectique négative, celle de l'identité et de la totalité – la constellation de toutes les catégories se transforme. Les concepts d'essence et d'apparence en sont les paradigmes. Ils sont maintenus mais inversés dans leur orientation [2].

Ce qui est affirmé ainsi des rapports entre l'essence et l'apparence vaut également des rapports du sujet et de l'objet dont Adorno souligne dans « Sujet-objet » qu'ils doivent être conservés mais entendus en un tout autre sens que celui qui a prédominé dans les théories de la connaissance. On peut même considérer que plus encore que le couple conceptuel essence-apparence, la dialectique sujet-objet est paradigmatique de la critique adornienne de la théorie de la connaissance telle qu'elle est développée non pas seulement dans l'introduction et la deuxième partie de la *Dialectique négative*, mais aussi dans sa *Contribution à une métacritique de la théorie de la connaissance*. Dans la deuxième partie de la *Dialectique négative*, un grand nombre de paragraphes sont d'ailleurs consacrés à la question du rapport entre sujet et objet (« Médiation par l'objectivité », « Particularité et particulier », « Sur la dialectique sujet-objet », « Renversement de la réduction subjective », « Sur l'interprétation du transcendantal », « Primat de l'objet », « L'objet n'est pas un donné »). Le fait qu'un essai entier soit consacré à cette question et qu'il orchestre les principaux thèmes de l'introduction et de la deuxième partie de la *Dialectique négative* plaide en faveur de l'hypothèse de la centralité de la dialectique sujet-objet.

Du point de vue du mode d'exposition, ce qui distingue le plus nettement cet essai des paragraphes correspondant dans la *Dialectique négative* tient à la plus grande présence de Kant, et au moindre nombre de références à Hegel. Alors que dans les *Trois études sur Hegel*, les thèmes associés à ce qu'Adorno appelle parfois la « dialectique sujet-objet » sont présentés dans leur origine hégélienne, c'est principalement à partir de Kant qu'ils sont ici formulés. Tout se passe en fait comme si Adorno avait souhaité indiquer que sa conception des rapports du sujet et de l'objet devait autant à Kant qu'à Hegel, sinon plus, engagé qu'il était dans l'effort, propre à la *Dialectique négative*, consistant à décrire en quoi la dialectique négative et matérialiste qu'il défend se distingue de la dialectique positive et idéaliste de Hegel. Cependant, de même qu'une comparaison des *Trois études* et de la *Dialectique négative* donne à penser qu'Adorno n'y rend pas assez explicite les sources hégéliennes de sa propre pensée et tend à dramatiser des différences qui ne relèvent, en définitive, et selon ses propres termes, que de nuances [3], de même, une lecture attentive de « Sujet-objet » fait apparaître que les thèmes hégéliens y sont tout aussi agissant, sinon plus, que les thèmes kantiens.

---

2. T. W. Adorno, *Dialectique négative*, Paris, Payot, 2003, p. 205 (GS 6, p. 168-169).

3. *Ibid.*, p. 193 (GS 6, p. 159) ; *Vorlesung über Negative Dialektik*, Francfort/Main, Suhrkamp, 2007, p. 41, 53. Nous avons analysé ailleurs le sens de la critique adornienne de Hegel dans la *Dialectique négative* ; voir « Adorno hégélien ou anti-hégélien ? », à paraître dans les actes du colloque « La *Dialectique négative*, 50 ans après », Université Panthéon-Sorbonne, 2 et 3 juin 2016.

Les deux essais qui composent « Épilégomènes dialectiques » présentent en ce sens des analogies formelles : « Notes sur la théorie et la pratique » développe une confrontation entre Hegel et Marx pour traiter des rapports de la théorie et de la pratique, alors que « Sujet-objet » construit un dispositif de critique réciproque de Hegel et de Kant. Chaque fois deux auteurs sont critiqués l'un par l'autre, et chaque fois Hegel figure dans cette confrontation, l'autre auteur ayant pour fonction d'expurger des thèmes hégéliens de leur tournure idéaliste. En ce qui concerne « Sujet-objet », Adorno s'appuie sur la distinction du phénomène et de la chose en soi pour penser l'irréductibilité du non-identique, là où Hegel prétend résorber ce qui dans l'objet est non-identique. Et inversement, là où Kant affirme la médiation de l'objet par le sujet, Adorno ajoute avec Hegel que le sujet aussi est médiatisé par l'objet. Ce dispositif Kant-Hegel n'est certes pas aussi explicite que le dispositif Hegel-Marx dans « Notes sur la théorie et la pratique », mais il n'en est pas moins structurant pour la manière adornienne de poser le problème de la connaissance[4]. Il est frappant qu'au tout début de la période d'élaboration de la *Dialectique négative*, Adorno a commencé par consacrer des cours à Hegel (en 1958 pendant le semestre d'été)[5], dont les résultats furent ensuite publiés dans ses *Trois études sur Hegel* (publiées en 1963), puis à la *Critique de la raison pure* (en 1959 pendant le semestre d'été)[6]. Dans ces cours sur Kant et Hegel, il s'agissait manifestement pour lui de formuler les thèses de ce qui deviendra la *Dialectique négative* dans le cadre d'une critique immanente de la *Critique de la raison pure*, de la *Phénoménologie de l'esprit* et de la *Science de la logique*, tout en montrant comment Hegel hérite des innovations de Kant et cherche à résoudre les problèmes sur lesquels bute ce dernier[7]. On peut considérer que la critique immanente de Kant et de Hegel, tout comme la critique réciproque de Kant et de Hegel, joua un rôle non négligeable dans le laboratoire de la *Dialectique négative* en général, non pas seulement dans sa troisième partie, traitant de questions morales, politiques et de l'histoire (ses deux premiers chapitres sont consacrés respectivement à Kant et Hegel), mais aussi dans l'introduction et la deuxième partie dont « Sujet-objet » propose une vue synthétique.

L'article « Sujet-objet » développe deux thèses principales : celle de la médiation réciproque du sujet et de l'objet, thème dominant dans les trois

---

4. Parmi les commentateurs, c'est M. N. Sommer qui a présenté le plus explicitement les réflexions adorniennes sur le rapport du sujet et de l'objet comme une confrontation de Hegel et de Kant (*Das Konzept einer negativen Dialektik*, Tübingen, Mohr Siebeck, 2016, p. 227-250). Notre manière d'analyser le dispositif Kant-Hegel se distingue doublement de la sienne : d'une part, cet auteur tend à réduire ce dispositif à un mode d'exposition, alors qu'il nous semble relever d'une structure fondamentale de la pensée adornienne, d'autre part, il identifie le moment kantien à l'« idée d'altérité », tout en présentant la « primauté de l'objet » comme un moment hégélien, alors que nous verrons qu'Adorno renvoie au contraire « la primauté de l'objet » tout à la fois à Kant, d'un point de vue ontologique, et à Hegel, d'un point de vue épistémologique.

5. T. W. Adorno, *Einführung in die Dialektik*, Francfort/Main, Suhrkamp, 2015.

6. T. W. Adorno, *Kants « Kritik der reinen Vernunft »*, Francfort/Main, Suhrkamp, 1995. Le semestre d'hiver 1958-1959 étant quant à lui consacré à l'esthétique de Hegel. On notera à ce propos qu'Adorno développe également une dialectique sujet-objet concernant la subjectivité et l'objectivité esthétique (*Théorie esthétique*, p. 211-225), mais qu'elle prend des formes très différentes de celles de l'essai « Sujet-objet » et des développements correspondants dans la *Dialectique négative*.

7. T. W. Adorno, *Trois études sur Hegel*, Paris, Payot, p. 14 (GS 5, p. 255) : « Hegel, à bien des égards, est un Kant parvenu à l'accomplissement ».

SUJET-OBJET : LE DISPOSITIF HEGEL-KANT

premières sections, celle du primat de l'objet, dont les sections suivantes s'efforcent de préciser le sens et les enjeux. Notre objectif est d'expliquer comment ces deux thèses s'inscrivent dans le dispositif Kant-Hegel qui structure la pensée adornienne depuis la fin des années 1950 au moins et qu'il convient d'expliciter si l'on veut comprendre non seulement la genèse, mais aussi la logique et les enjeux philosophiques de la *Dialectique négative*. Nous ferons donc de « Sujet-objet » le fil conducteur de cette explicitation sans chercher à rendre compte exhaustivement de l'ensemble des arguments développés dans cet essai à propos de ces deux thèses. Nous ferons notamment abstraction de tout ce qui dans « Sujet-objet » relève de la thèse suivant laquelle « la critique de la société est une critique de la connaissance et inversement »[8], thèse qui ne relève plus du dispositif Kant-Hegel, mais d'une appropriation originale de la critique marxienne de l'économie politique sous forme de théorie sociale[9]. Même s'il est parfois pensé dans une confrontation Kant-Hegel[10], nous n'analyserons pas non plus le lien de la dialectique sujet-objet avec la question de la *mimesis*, question essentielle dans la *Dialectique négative* mais absente de « Sujet-objet »[11]. Nous n'évoquerons pas plus les échos contemporains d'une interprétation de la critique hégélienne de Kant qui n'est pas sans évoquer la critique du « mythe du donné » chez McDowell[12].

La médiation réciproque du sujet et de l'objet

Commençons par suivre le texte de près. Les premiers développements de « Sujet-objet » ont pour fonction de clarifier le sens de la distinction sujet-objet en même temps que défendre la thèse de la médiation réciproque du sujet et de l'objet. Dans la première section, Adorno rappelle, en s'appuyant sur Kant, que l'idée de sujet peut être entendue à la fois au sens de l'universalité du sujet de la connaissance (sujet transcendantal) et de la particularité subjective (sujet empirique). Il souligne ensuite que le fait que les notions de sujet et d'objet soient corrélatives constitue un obstacle à leur définition indépendante[13]. Plutôt que de se lancer dans une entreprise de définition, il convient donc de prendre ces notions comme « les livre le langage philosophique élaboré, comme des sédimentations historiques »[14]. Voici l'une des raisons expliquant que Kant soit si présent dans « Sujet-objet » : c'est lui qui fixe le sens philosophique du couple conceptuel sujet-objet, en même temps qu'il érige ses termes en concepts majeurs de la théorie de la connaissance. Mais

8. T. W. Adorno, « Sujet-objet », *Modèles critiques*, Paris, Payot, 1984, p. 267 (GS 10.2, p. 748)

9. À ce propos voir, E. Renault, « *Le Capital* comme modèle pour la théorie critique », *in* C. Colliot-Thélène (dir.), *Que reste-t-il de Marx ?*, Rennes, P.U.R, 2017, et « Adorno : de la philosophie sociale à la théorie sociale ». *Recherches sur la philosophie et le langage*, n° 28, 2012, p. 229-258.

10. T. W. Adorno, *Trois études, op. cit.*, p. 49 (GS 5, p. 284-285) : « Si, comme chez Kant, il n'y avait rien de commun entre sujet et objet, si tous deux s'opposaient d'une façon absolue, sans la moindre médiation [...], non seulement il n'y aurait pas de vérité, mais encore pas de raison, ni de pensée du tout. Une pensée qui s'interdirait tout élan mimétique [...] alors que c'est le contenu du système hégélien, et ce qui définit l'affinité de la chose et de la pensée, déboucherait sur la folie ».

11. Sur le rapport de la dialectique sujet-objet et de la mimesis, voir G. Moutot, *Essai sur Adorno*, Paris, Payot, 2010, p. 607-620.

12. Voir à ce propos G. Moutot, « Adorno et le mythe du donné. Connaissance, expérience, société », *Philosophie*, n° 113, 2012, p. 58-78.

13. T. W. Adorno, « Sujet-objet », *op. cit.*, p. 261-262 (GS 10.2, p. 742).

14. *Ibid.*, p. 262. (GS 10.2, p. 742).

Adorno ajoute immédiatement que ces concepts doivent être considérés comme des « concepts de la réflexion » : jamais un objet ou un sujet ne se présentent comme tels dans l'expérience, c'est seulement la réflexion sur l'expérience qui distingue en elle des moments subjectifs et objectifs. D'où la démarche mise en œuvre dans ce qui suit, celle d'une « seconde réflexion » qui « réfléchit sur la première [...] pour accéder au contenu des concepts de sujet et d'objet »[15]. Si l'on peut d'emblée, dès la première section de « Sujet-objet », parler d'un dispositif Kant-Hegel, c'est que les concepts de « réflexion » et de « réflexion seconde » sont mobilisés ici à partir de Hegel plus encore que de Kant.

Dans le cours sur la *Critique de la raison pure*, Adorno soulignait certes que les concepts de sujet et d'objet étaient des concepts produits par la réflexion transcendantale, ou des « concepts de la réflexion » au sens kantien du terme, et il reprochait à Kant de les manier sous une forme qui, les isolant l'un de l'autre, tombe sous sa propre critique des amphibologies des concepts de la réflexion[16]. Mais, bien plus que du concept kantien de « concept de la réflexion », c'est à partir du concept hégélien de « détermination de réflexion », tel qu'il est élaboré dans la *Science de la logique*, qu'Adorno critique la manière kantienne de considérer les rapports du sujet et de l'objet. Comme chez Hegel, la critique des catégories de la réflexion a pour fonction de critiquer un type de dualisme de l'entendement qui procède d'une part d'une négation des médiations constitutives de notions fondamentalement relationnelles, et d'autre part une position unilatérale de certaines de ces notions comme immédiates et médiatisantes. Le couple conceptuel de l'intérieur et de l'extérieur fixe chez Hegel la contradiction constitutive des déterminations de réflexion qui consiste à affirmer l'extériorité réciproque de l'intérieur et de l'extérieur tout en fondant l'extérieur sur l'intérieur, contradiction dont la *Science de la Logique* montre qu'elle se déploie dans les couples conceptuels de l'essence et de l'apparence, de l'essence (comme fondement) et de l'apparence, de l'essence (comme principe dynamique) et du phénomène, etc. C'est précisément ce type de critique qu'Adorno applique à la conception du sujet transcendantal comme indépendant de l'objet, ou immédiat, et constitutif de l'objet, ou médiatisant.

De même que le concept de « concept de la réflexion » est entendu à partir de Hegel, de même, le concept de « seconde réflexion », dont nous avons remarqué qu'il définit la démarche mise en œuvre dans la critique des conceptions courantes du rapport sujet-objet, renvoie au concept hégélien de « réflexion de la réflexion ». Ce concept était mobilisé contre Kant et Fichte dans *La différence des systèmes de Fichte et de Schelling* pour désigner la démarche consistant à réfléchir de manière critique sur cette première réflexion

> **Le « concept de la réflexion » et le concept de « seconde réflexion » sont entendus à partir de Hegel**

15. *Ibid.,* (GS 10.2, p. 743).

16. T. W. Adorno, *Kants « Kritik der reinen Vernunft »*, op. cit., p. 221-222. Dans la *Dialectique négative* (p. 213/GS 6, p. 175), il reprochera à la théorie hégélienne des rapports de l'universel et du particulier de tomber sous la critique kantienne des amphibologies de la réflexion.

qui reconduit l'objectivité, chez Kant et Fichte, à ses conditions subjectives [17]. On peut remarquer qu'Adorno présente ailleurs ce concept de « réflexion de la réflexion » comme le cœur de la pensée dialectique, en même temps qu'il y localise le moment par lequel l'idéaliste Hegel critique les limites de l'idéalisme [18]. Il est significatif de la valorisation de la pensée kantienne, dans « Sujet-objet », que la révolution copernicienne déjà y soit présentée comme une « seconde réflexion » [19], la position de la chose en soi comme distincte du phénomène pouvant être interprétée comme une réflexion sur les limites de la réflexion première qui reconduit l'objet à ses conditions subjectives. Même s'il est occasionnellement attribué à Kant, le concept de « réflexion seconde » n'en reste pas moins hégélien dans sa provenance et ses intentions.

Poser les concepts de sujet et d'objet comme des concepts de la réflexion, consiste à les concevoir comme le résultat d'une activité réflexive [20] et comme indissociables des relations qu'ils entretiennent l'un avec l'autre [21], plutôt que comme des entités existant chacune indépendamment de l'autre. « Sujet-objet » évoque ainsi le « point de vue naïf », celui d'un réalisme naïf, suivant lequel « un sujet quel qu'il soit, un sujet connaissant, se trouve placé devant un objet également quel qu'il soit » [22]. La deuxième section de « sujet-objet » a pour fonction de critiquer cette manière de réifier les deux termes de la relation du sujet et de l'objet, de les fixer l'un l'autre indépendamment alors qu'ils ne peuvent exister que l'un par l'autre. Il s'agit d'une « contradiction dans la séparation du sujet et de l'objet » dont Adorno souligne qu'elle imprègne la théorie de la connaissance [23]. Mais il souligne également que la séparation du sujet et de l'objet a aussi son contenu de vérité : elle est « à la fois réelle et apparente » [24]. Dans la *Dialectique négative*, Adorno écrivait : « Non plus qu'ils sont unité dernière, ne se dissimule en eux une unité première [25]. » C'était alors du point de vue de la critique de la recherche du fondement premier, ou de l'originaire (Heidegger notamment est visé), que le caractère indépassable de la distinction du sujet et de l'objet est affirmé. Et c'était bien à partir de Hegel que la vérité de la distinction du sujet et de l'objet était alors pensée, non seulement parce que la *Phénoménologie de l'esprit* pose la distinction du sujet et de l'objet comme celle de deux moments de tout savoir, mais aussi

17. G. W. F. Hegel, *La différence des systèmes de Fichte et de Schelling* parle d'une « réflexion qui se prend elle-même pour objet » (Paris, Vrin, 1986, p. 114). On peut considérer que cette démarche est encore celle de la *Phénoménologie de l'esprit*, du moins celle du projet décrit dans son introduction.

18. T. W. Adorno, *Trois études sur Hegel*, *op. cit.*, p. 46 (GS 5, p. 82) : « Rien peut-être ne témoigne plus de l'essence de la pensée dialectique que le fait que la conscience de soi du moment subjectif de la vérité, la réflexion de la réflexion, doivent racheter les torts que la subjectivité mutilante cause à la vérité en soi, dans la mesure où cette subjectivité […] pose comme vrai ce qui n'est jamais tout à fait vrai ».

19. T. W. Adorno, « Sujet-objet », *op. cit.*, p. 271 (GS 10.2, p. 752).

20. T. W. Adorno, *Dialectique négative*, *op. cit.*, p. 213 (GS 6, p. 176) : « ces deux concepts sont des catégories de la réflexion, produites, des formules pour quelque chose qui n'est pas unifiable ».

21. *Ibid.*, p. 214 (GS 6, p. 176-177) : « Ils se constituent l'un par l'autre de la même façon qu'ils se distinguent l'un de l'autre en vertu d'une telle constitution »

22. T. W. Adorno, « Sujet-objet », *op. cit.*, p. 262 (GS 10.2, p. 742).

23. *Ibid.*

24. *Ibid.*

25. T. W. Adorno, *Dialectique négative*, *op. cit.*, p. 214 (GS 6, p. 176).

parce que Hegel critique toutes les tentatives visant à fonder le savoir sur un premier principe ou sur une unité originaire et indifférenciée[26].

« Sujet-objet » mobilise un autre argument, auquel Adorno va donner des connotations kantiennes : la séparation du sujet et de l'objet « est vraie car, pour ce qui est de la réalité de la séparation et de la connaissance qu'on peut en avoir, elle exprime ce qu'a de forcément divisé la condition humaine »[27]. D'un point de vue épistémologique, la vérité de cette distinction tient au fait que l'objet connu par le sujet de la connaissance est toujours partiellement irréductible, non-identique, aux concepts au moyen desquels il est connu, alors que le sujet de la connaissance ignore spontanément cette différence et confère à ses pensées la valeur d'une connaissance intégrale de leurs objets. C'est en ce sens que la *Dialectique négative* affirmait qu'« il faut s'en tenir de façon critique à la dualité du sujet et de l'objet, contre la prétention à la totalité, inhérente à la pensée »[28]. D'un point de vue politique, la vérité de cette distinction tient au fait que si la séparation du sujet et de l'objet répond par ses ressorts primitifs à une volonté de dominer par la pensée l'environnement naturel, il n'est légitime de briser le lien unissant autonomie du sujet et domination ni par la négation de l'autonomie du sujet qui fait son irréductibilité aux objets de la connaissance, ni par la recherche d'une indifférenciation du sujet et de l'objet. L'alternative doit être cherchée bien plutôt dans un « jeu des différences » du sujet et des objets, ou dans une « paix réelle aussi bien entre les hommes qu'en eux et leur autre. La paix est l'état de la différence sans domination dans lequel les différences communiquent »[29].

C'est du point de vue épistémologique, et non de ce point de vue politique, que la vérité de la distinction du sujet et de l'objet est pensée à partir d'une mise en dialogue de Hegel et de Kant. Dans la *Dialectique négative*, Hegel est présenté comme celui qui, faisant de la distinction du sujet et de l'objet une structure de la pensée, la réduit à une forme de pensée, niant par là même la non-identité de la réalité à la pensée que le couple conceptuel sujet-objet se devrait pourtant d'exprimer[30]. Par contraste, Kant a le mérite, grâce à son concept de chose en soi, de souligner qu'il existe dans l'objet de la connaissance quelque chose d'irréductible à cette connaissance. Selon Adorno, en effet, l'opération fondamentale de la *Critique de la raison pure* n'est pas seulement de poser le sujet transcendantal comme constitutif et l'objet comme constitué, mais également d'affirmer la séparation du sujet et de l'objet. En ce sens, la théorie kantienne de la connaissance est fondée sur ce qu'Adorno appelle « l'idée de l'altérité » (*die Idee der Andersheit*)[31].

■ 26. Voir par exemple les *Trois études sur Hegel, op. cit.*, p. 15 (GS 5, p. 256-257) : « La division statique de la connaissance en sujet et objet, que la logique de la science telle qu'elle a cours aujourd'hui considère comme allant de soi […] est frappée par la critique hégélienne dans son inanité centrale ; frappée à mort parce que Hegel ne lui oppose aucune unité irrationnelle du sujet et de l'objet, maintenant au contraire les moments toujours différenciés du subjectif et de l'objectif, tout en les saisissant dans leur médiation réciproque ».
■ 27. T. W. Adorno, « Sujet-objet », *op. cit.*, p. 262 (GS 10.2, p. 742).
■ 28. T. W. Adorno, *Dialectique négative, op. cit.*, p. 215 (GS 6, p. 176).
■ 29. T. W. Adorno, « Sujet-objet », *op. cit.*, p. 263 (GS 10.2, p. 743). Sur le jeu comme modèle normatif, voir J. Christ, « Un jeu avec le réel – esquisse de la méthode critique d'Adorno », *Philosophie*, n° 113, 2012, p. 37-57.
■ 30. T. W. Adorno, *Dialectique négative, op. cit.*, p. 214 (GS 6, p. 176).
■ 31. *Ibid.*, p. 225 (GS 6, p. 185) : « Tandis que chez lui non plus, le sujet n'arrive pas à sortir de lui-même, Kant n'en sacrifie pas pour autant l'idée de l'altérité ».

C'est principalement cette idée qui justifie que la référence à Kant puisse devenir centrale dans une réflexion sur la dialectique sujet-objet. Aux yeux d'Adorno, la position kantienne reste cependant insuffisante parce qu'elle pose le non-identique comme inconnaissable là où il faudrait s'interroger sur la manière dont il pourrait être conceptuellement déterminé :

> La solution kantienne est insuffisante qui consiste à l'extraire comme infini de la connaissance positive finie et, au moyen de l'inaccessible, d'aiguillonner la connaissance pour l'inciter à un effort sans relâche [32].

Comme nous le verrons dans la deuxième partie de cet article, l'enjeu n'est pas tant d'affirmer ontologiquement l'existence d'un non-identique au penser dans l'objet pensé (la chose en soi), que de montrer que ce non-identique se manifeste dans l'expérience de l'objet et qu'il est possible de le déterminer conceptuellement. Or, cette conception de l'expérience et de l'expression conceptuelle du non-identique est exclue par la position du non-identique comme chose en soi. En d'autres termes, Kant a le mérite de souligner l'altérité présente dans le rapport sujet-objet, mais il a tort de la penser comme le face à face d'un sujet transcendantal et d'une chose en soi non médiatisés l'un par l'autre.

Chez Kant s'expriment en définitive deux des principaux défauts des théories de la connaissance qui, selon Adorno, ont tendance à absolutiser la séparation du sujet et de l'objet, tout en considérant le rapport du sujet et de l'objet comme un rapport à la fois asymétrique et hiérarchique. C'est le concept de sujet transcendantal que la troisième section de « Sujet-objet » présente comme symptomatique de ce deuxième défaut :

> La théorie de la connaissance entend le plus souvent par sujet le sujet transcendantal. Selon la doctrine idéaliste, soit il constitue, comme chez Kant, le monde objectif à partir d'un matériau indifférencié, soit comme chez Fichte, il le produit tout simplement [33].

L'idée de sujet transcendantal est celle d'un sujet médiatisant et non médiatisé, alors que l'objet serait médiatisé et non médiatisant. Dans cette section de « Sujet-objet » tout comme dans les paragraphes de la *Dialectique négative* cités plus haut, Adorno oppose deux arguments à l'idée de sujet transcendantal et chacun d'eux fait valoir « l'universalité de la médiation » (*Universalität von Vermittlung*) [34]. Premièrement, le sujet transcendantal est médiatisé subjectivement par le sujet empirique qui est à la fois sujet et objet. Deuxièmement, le sujet transcendantal est médiatisé objectivement puisque les formes de pensée posées par Kant comme des conditions de possibilité des objets de l'expérience sont en fait des formes d'intériorisation des structures de la vie sociale. Avant d'avoir été formulés dans la *Dialectique négative* et « Sujet-objet », ces thèmes avaient été développés dans les leçons 13, 14 et 15 du cours sur la *Critique de la raison pure*. Adorno y soulignait qu'en affirmant

---

32. *Ibid.*, p. 215 (GS 6, p.177).
33. T. W. Adorno, « Sujet-objet », *op. cit.*, p. 263 (GS 10.2, p. 744).
34. T. W. Adorno, *Dialectique négative*, *op. cit.*, p. 210 (GS 6, p. 173).

que tout objet est médiatisé par le sujet transcendantal, Kant préfigurait la thèse hégélienne suivant laquelle tout est médiatisé[35]. Cherchant à trouver chez Kant lui-même des arguments contre les dualismes constitutifs de l'idée de sujet transcendantal (sujet constituant/objet constitué, sujet transcendantal/ sujet empirique, forme et matière de la connaissance), il soulignait le « *quid pro quo* »[36] qui est logé dans le concept de sujet transcendantal. D'un côté, Kant affirmerait l'indépendance du sujet transcendantal, alors que d'un autre côté, il reconnaîtrait de différentes manières[37] que le sujet transcendantal est médiatisé par cet objet qu'est le sujet empirique, et lorsqu'il souligne que les concepts sans intuition sont vides, il reconnaîtrait que les formes de la connaissance ne peuvent jouer leur rôle constitutif que conditionnées par le contenu de la connaissance de l'objet. Cette critique immanente de Kant conduisait Adorno à présenter la *Phénoménologie de l'esprit* comme le dépassement des contradictions de la *Critique de la raison pure*. Dans l'ouvrage de 1807,

> le problème-sujet-objet est traité de telle manière que ces deux moments ne sont plus opposés comme des moments fixes et statiques. [...] C'est précisément ce passage de l'antithétique du sujet et de l'objet, qui dominait dans la philosophie cartésiano-kantienne, à cette dynamique du sujet et de l'objet qui constitue l'avancée décisive que la philosophie a alors effectuée[38].

Tant que la dialectique adornienne du sujet et de l'objet met en avant le thème de la médiation réciproque du sujet et de l'objet, elle reste donc fondamentalement hégélienne, non pas seulement au sens où le concept hégélien de « figure de la conscience » présente le sujet et l'objet comme des « moments » du savoir plutôt que des entités indépendantes, en soulignant la médiation réciproque du sujet et de l'objet au sein de chacune des formes de savoir qui sont considérées dans la *Phénoménologie de l'esprit*. Elle reste fondamentalement hégélienne également au sens d'une interprétation de Hegel comme s'attachant à radicaliser le propos kantien tout en dissolvant ses dualismes constitutifs dans le cadre d'une réflexion sur la réflexion :

> Hegel a fait valoir les droits du criticisme kantien précisément en faisant la critique du dualisme kantien de la forme et du contenu, en faisant entrer dans la dynamique les distinctions rigides de Kant et, conformément à sa propre interprétation, également celles de Fichte, sans pour autant en sacrifier l'indissolubilité à une identité immédiate. Pour son idéalisme, la raison devient raison critique en un sens qui à son tour critique Kant, en tant que raison négative mettant en mouvement la statique des moments figés[39].

35. T. W. Adorno, *Kants « Kritik der reinen Vernunft »*, op. cit., p. 240.
36. *Ibid.*, p. 239.
37. Notamment dans la première version de la déduction transcendantale des catégories, comme le rappellera la *Dialectique négative*, op. cit., p. 217 (GS 6, p. 178) : « le moi pur est médiatisé ontiquement par le moi empirique, qui apparaît indéniablement comme le modèle de la première version de la déduction des concepts purs de l'entendement ».
38. T. W. Adorno, *Kants « Kritik der reinen Vernunft »*, op. cit., p. 247-248.
39. T. W. Adorno, *Trois études sur Hegel*, op. cit., p. 16 (GS 5, p. 257).

Même si nous avons pu remarquer qu'Adorno s'efforce parfois, dans le cadre d'une critique immanente de Kant, de faire apparaître le thème de la médiation réciproque du sujet et de l'objet comme un thème kantien, c'est bien à partir de Hegel qu'il conçoit cette médiation réciproque et qu'il affirme l'universalité de la médiation[40] dont la médiation réciproque du sujet et de l'objet n'est qu'une illustration parmi d'autres, comme par exemple celle de la théorie et de la pratique. C'est également à partir de Hegel qu'Adorno pense la médiation comme une médiation interne et qu'il fait du concept de médiation l'un des concepts fondamentaux de la pensée dialectique[41].

On lit ainsi dans un cours de 1963 :

> Il s'agit d'une médiation interne ; elle ne consiste pas en ce que les deux moments opposés l'un à l'autre renvoient mutuellement l'un à l'autre, mais en ce que l'analyse de chacun d'eux en lui-même renvoie à l'autre en tant qu'implication de sens. On peut nommer cela le principe de la dialectique par opposition au penser différenciant, dualiste et disjonctif[42].

Il ne se contente cependant pas de reprendre à Hegel les thèses suivant lesquelles tout est médiatisé et le penser dialectique consiste à expliciter les médiations réciproques des déterminations isolées et reliées de manière seulement extérieure par la pensée d'entendement. Il cherche également à transformer le concept hégélien de médiation. Dans la *Dialectique négative*, les paragraphes « médiation par l'objectivité » et « particularité et particulier » reprochent en effet à Hegel de développer un concept idéaliste de médiation. Affirmant la médiation de toute chose par l'esprit, Hegel présupposerait une homogénéité

Adorno cherche à transformer le concept hégélien de médiation

des termes médiatisés au détriment de leur différence qualitative[43], en même temps qu'il concevrait la médiation comme première par rapport aux termes médiés[44]. Adorno oppose alors au concept hégélien de médiation, d'une part, que la médiation doit être conçue comme plus médiatisée que les termes qu'elle médiatise[45], et d'autre part, que les termes médiatisés doivent être conçus comme des termes hétérogènes ou comme une différence qualitative[46]. Mais c'est en fait suivant le principe général de la critique immanente de Hegel, à savoir retourner ce qui est visé par sa philosophie contre le cadre idéaliste dans

---

40. T. W. Adorno, *Trois études sur Hegel, op. cit.*, p. 67 (GS 5, p. 298) : « Selon Hegel, il n'y a rien ni au ciel ni sur terre qui ne soit "médiatisé" ».

41. *Philosophische Terminologie. Zur Einleitung*, vol. 2, Francfort/Main, Suhrkamp, 1974, p. 142.

42. *Ibid.*

43. T. W. Adorno, *Dialectique négative, op. cit.*, p. 213 (GS 6, p. 174).

44. *Ibid.*, p. 398 (GS 6, p. 322).

45. T. W. Adorno, *Dialectique négative, op. cit.*, p. 211 (GS 6, p. 173-174) : « Dans l'immédiateté ne réside pas tant son être médiatisé que dans la médiation un immédiat qui serait médiatisé. Hegel a négligé cette différence ». Critique de l'idéalisme, Adorno affirme ainsi qu'il faut penser la réalité de la médiation à partir de celle des termes médiatisés, et non pas celle des termes médiatisés à partir de celle d'une médiation, dont la réalité serait de nature spirituelle.

46. *Ibid.*, p. 225 (GS 6, p. 185) : « primat de l'objet signifie le progrès de la distinction qualitative de ce qui est médiatisé en soi-même, un moment dans la dialectique qui n'est pas au-delà d'elle mais s'articule en elle ».

laquelle ces visées sont mises en œuvre[47], qu'Adorno développe la critique du concept hégélien de médiation. Dans les *Trois études sur Hegel*, il souligne en effet, que chez Hegel, « la médiation s'effectue à travers les extrêmes et en eux »[48], ce qui signifie qu'elle n'est jamais seulement médiatisante mais toujours également médiatisée. D'autre part, Adorno y insiste sur le fait que les intentions de Hegel sont non seulement de récuser les philosophies qui réduisent la différence à l'identité sans s'immerger dans le contenu concret de l'expérience[49], mais aussi de réhabiliter le moment qualitatif de l'expérience contre l'hégémonie du penser qualitatif[50]. C'est bien à partir de ces thèmes hégéliens qu'Adorno tente d'expurger le concept hégélien de médiation de ses présuppositions idéalistes[51].

Mais, le thème de la médiation réciproque du sujet et de l'objet n'est pas le dernier mot de la dialectique adornienne du sujet et de l'objet. Dans « Sujet-objet », il n'a d'autre fonction que d'introduire la thèse du primat de l'objet qui, quant à elle, est parfois présentée comme une thèse kantienne qu'il convient de retourner contre Hegel.

Le primat de l'objet

Nous ne suivrons pas les sections suivantes de « Sujet-objet » aussi précisément que les trois premières et ne retiendrons que les principaux arguments de la thèse de la prépondérance ou primat de l'objet (*Präponderanz des Objekts/Vorrang des Objekts*). Cette thèse est formulée dans le cadre d'une critique de deux positions opposées : celle d'un idéalisme subjectif qui pose l'objet comme constitué par le sujet, et celle du réalisme naïf selon lequel la connaissance devrait viser l'objet existant indépendamment de la

47. T. W. Adorno, *Contribution à une métacritique de la théorie de la connaissance*, Payot, Paris, 2011, p. 26 (GS 5, p. 12) : « Il faut bien que le système hégélien présuppose l'identité du sujet et de l'objet et, avec elle, ce primat de l'esprit qu'il veut prouver mais, dans son déploiement concret, il réfute toutefois l'identité qu'il accorde à la totalité ». Voir également *Trois études, op. cit.*, p. 39-40, 46 (GS 5, p. 277-278, 282).

48. T. W. Adorno, *Trois études sur Hegel, op. cit.*, p. 17 (GS 5, p. 257).

49. *Ibid.*, p. 91 (GS 5, p 317-318) : « La stérilité du travail prétendu intellectuel qui s'installe dans la sphère du général sans se salir au contact du spécifique fut perçue par Hegel qui, plutôt que de le déplorer, lui a imprimé un sens critique et productif. La dialectique énonce que la connaissance philosophique n'est pas chez elle là où la tradition l'a domiciliée et où elle prospère par trop facilement, libre en quelque sorte du poids et de la résistance de l'étant, mais qu'elle ne commence véritablement que là où elle fait éclater ce qui pour la pensée traditionnelle paraît opaque, impénétrable, pure individuation. La proposition dialectique, "l'effectif est ce qui est absolument une identité de l'universel et du particulier" se rapporte à cela ».

50. T. W. Adorno, *Dialectique négative, op. cit.*, p. 60 (GS 6, p. 54) : « L'absolutisation de la tendance à quantifier de la ratio correspond à son manque d'autoréflexion. Ce qui sert cette autoréflexion c'est l'insistance sur le qualitatif, et cette dernière n'appelle nullement l'irrationalité. Seul Hegel [...], sans inclination romantique [...] en a manifesté la conscience ».

51. M. N. Sommer, *Das Konzept einer negativen Dialektik, op. cit.*, p. 43-54, est l'auteur de l'étude la plus complète des concepts hégéliens et adorniens de médiation mais il accentue trop la différence entre les approches de ces deux auteurs. Dans la *Dialectique négative*, Adorno souligne en effet que Hegel reconnaît que la médiation suppose le médiatisé (*ibid.*, p. 210/GS 6, p. 173). Cette thèse était déjà présente dans les *Trois études*, où, commentant un passage consacré au savoir immédiat dans le concept préliminaire de la *Science de la logique*, Adorno écrit : « Parler de médiation sans immédiat est tout aussi impossible que de découvrir un immédiat non médiatisé » (*op. cit.*, p. 69/ GS 5, p. 299). Contrairement à ce qu'affirme M. N. Sommer (*op. cit*, p. 48), Adorno n'affirme donc pas que Hegel a « hypostasié la médiation ». La *Dialectique négative* écrit plus précisément qu'il faut éviter de réduire, comme chez Hegel, le particulier à la particularité, c'est-à-dire à « quelque chose de conceptuel » (*op. cit.*, p. 399/GS 6, p. 321), « sinon la dialectique déboucherait sur l'hypostase de la médiation sans garder les moments de l'immédiateté, comme le voulait d'ailleurs prudemment Hegel » (*ibid.*, p. 398/GS 6, p. 322). En un mot : la différence entre les concepts adornien et hégélien de médiation relève bien de la nuance.

pensée. Contre ce que la *Dialectique négative* désignait comme « la tendance dominante, de toujours ramener toujours plus d'objectivité au sujet »[52], Adorno souligne que la valeur de la connaissance dépend de l'expression conceptuelle de ce qui dans l'objet de la connaissance n'est pas identique aux concepts par lesquels l'objet est connu. Contre le réalisme naïf, il insiste par ailleurs sur le fait que l'objet est toujours médiatisé par des concepts, de sorte que l'idée d'un primat de l'objet ne doit pas être conçue comme l'exigence d'une connaissance de l'objet tel qu'il existe indépendamment du sujet, mais comme un principe critique : le principe d'une réflexion critique sur la tendance du sujet de la connaissance à réduire l'objet connu aux concepts par lesquels il est connu. C'est en ce sens qu'Adorno souligne que « l'étude du primat de l'objet ne restaure pas l'ancienne *intentio recta*, la confiance aveugle dans le monde extérieur tel qu'il est »[53], que « le primat de l'objet a besoin de la réflexion sur le sujet »[54], qu'il est « une manière de corriger la réduction subjectiviste, et non pas de nier une participation subjective »[55], ou encore que « l'objectivité ne peut être élaborée qu'à la suite d'une réflexion sur ce qui se présente comme sujet et objet ainsi que sur les médiations »[56].

Comme dans la *Dialectique négative*, le concept de « primat de l'objet » est introduit à partir du concept de médiation, entendu au sens adornien d'une médiation médiatisée par une différence qualitative partiellement irréductible à cette médiation. Contre l'idéalisme subjectif et le réalisme naïf, c'est le moment de la médiation réciproque qu'il s'agit de souligner. De même que la critique de la réduction subjective consiste à montrer qu'elle repose sur un « oubli de la médiation dans le médiatisant, le sujet »[57], de même la critique du réalisme naïf rappelle que l'objet connu est toujours médiatisé par le sujet de la connaissance. En d'autres termes, l'idée d'une prépondérance de l'objet n'a pas pour intention de substituer une supériorité de l'objet (comme dans la sociologie de la connaissance et ou le marxisme dogmatique)[58] à la thèse idéaliste de supériorité du sujet ; elle définit au contraire une manière « d'éliminer la hiérarchie »[59].

La contrepartie positive de cette double critique de l'idéalisme subjectif et du réalisme naïf tient dans la thèse développée par les sections 10 et 11 de « Sujet-objet » :

52. *Ibid.*, p. 216 (GS 6, p. 177).
53. T. W. Adorno, « Sujet-objet », *op. cit.*, p. 265 (GS 10.2, p. 746).
54. *Ibid.*, p. 267 (GS 10.2, p. 748).
55. *Ibid.*, p. 266 (GS 10.2, p. 747).
56. *Ibid.*, p. 270 (GS 10.2, p. 751).
57. *Ibid.*, p. 216 (GS 6, p. 178).
58. Adorno brocarde ceux qui voudraient critiquer la thèse idéaliste du primat du sujet en affirmant unilatéralement que le sujet de la connaissance est un reflet (le marxisme dogmatique de la troisième internationale) ou un produit social (la sociologie de la connaissance, de Durkheim à Mannheim). Durkheim est critiqué en ce sens dans la dernière section de « Sujet-objet », et il l'était déjà dans les leçons sur la *Critique de la raison pure* (*Kants « Kritik der reinen Vernunft »*, *op. cit.*, p. 254-255). Quant au marxisme du socialisme d'État autoproclamé, il est critiqué en ce sens également dans le cours sur la *Critique de la raison pure* (*op. cit.*, p. 240-241).
59. T. W. Adorno, *Dialectique négative*, *op. cit.*, p. 221 (GS 6, p. 182-183) : « La pensée critique ne voudrait pas faire monter l'objet sur le trône laissé vacant par le sujet, sur lequel l'objet ne serait qu'une idole, elle voudrait au contraire éliminer la hiérarchie ».

la différence entre le sujet et l'objet traverse aussi bien le sujet que l'objet [...]. Dans le sujet, tout peut en fait être mis au compte de l'objet [...]. Quant à l'objet, même affaibli, il ne peut pas non plus être sans sujet [60].

En ce que chacun des deux moments considéré en lui-même renvoie à l'autre moment, la médiation est à la fois interne et réciproque. Elle ne comporte aucune hiérarchie mais elle n'en est pas pour autant symétrique. La spécificité de la médiation sujet-objet tient à la différence qualitative du sujet et de l'objet, déjà relevée dans la troisième section de « Sujet-objet » : « l'objet est également médiatisé, mais, selon son concept, il n'est pas aussi totalement renvoyé au sujet que le sujet l'est à l'objet » [61]. Adorno ajoutait à la suite de cette affirmation que « l'idéalisme a ignoré cette différence, accentuant ainsi une spiritualisation derrière laquelle se cache l'abstraction » [62]. C'est bien Hegel qui était ici visé, et plus particulièrement sa conception de la médiation spirituelle du sujet et de l'objet qui tendrait à leur attribuer une même nature spirituelle, en niant ainsi leur différence qualitative et en ignorant ce qui dans la particularité de l'objet est irréductible à ce qui peut être saisi d'elle par les catégories universelles de la pensée.

La fonction du dispositif Hegel-Kant s'en trouve inversée. Si l'universalité de la médiation était un thème hégélien, et si Hegel était sur ce point la vérité de la critique immanente de Kant, à condition certes d'être lui-même soumis à la critique immanente, le primat de l'objet est maintenant pensé contre Hegel, et cela à partir de la thèse kantienne de l'altérité de l'objet. D'où le fait qu'Adorno puisse parfois présenter Kant, et non Hegel, comme le précurseur du concept de primat de l'objet. C'est en ce sens que la huitième section de « Sujet-objet » affirme que

> le théorème le plus contesté de Kant, celui de la distinction de la chose transcendante en soi et de l'objet constitué, conserve quelque vérité. Car l'objet serait le non-identique, libéré des contraintes subjectives, et saisissable par l'auto-critique exercée sur celles-ci [...]. Cette non-identité se rapprocherait beaucoup de la chose en soi de Kant [63].

Le paragraphe de la *Dialectique négative* qui porte sur le concept de primauté de l'objet était plus explicite. On y comprend que c'est à Kant qu'il faut faire remonter le concept de primat de l'objet car la *Critique de la raison pure* affirme tout à la fois la médiation de l'objet par le sujet, en tant que le phénomène est médiatisé par le sujet transcendantal, et l'irréductibilité de l'objet au sujet, en tant que l'objet n'est pas seulement phénomène mais aussi chose en soi. Là où les présuppositions idéalistes de Hegel tendent à réduire la différence du sujet et de l'objet à une différence quantitative, Kant propose une définition de l'objet qui correspond à ce qui selon Adorno permet de penser la différence qualitative du sujet et de l'objet : si l'objet est médiatisé par le sujet (en tant que phénomène), il existe également indépendamment de cette médiation (en tant que chose en soi). Voilà pourquoi Kant est le

■ 60. T. W. Adorno, « Sujet-objet », *op. cit.*, p. 273-274 (GS 10.2, p. 755-756).
■ 61. *Ibid.*, p. 266 (GS 10.2, p. 747).
■ 62. *Ibid.*
■ 63. *Ibid.*, p. 271 (GS 10.2, p. 752).

véritable précurseur du concept de primat de l'objet. Dans la mesure où il représente par excellence la réduction subjective contre laquelle l'idée de prépondérance de l'objet est dirigée, ce n'est cependant qu'à partir d'une critique immanente de Kant qu'il est possible de lui en attribuer la paternité, une critique immanente qui consiste à retourner contre Kant tout ce qui chez lui semble témoigner d'une reconnaissance de la médiation du sujet par l'objet, critique immanente développée dans le cours sur la *Critique de la raison pure* et dont nous avons présenté les principaux arguments dans la première partie de cet article. Le dispositif Kant-Hegel est donc bel et bien inversé : il ne s'agit plus de faire de Hegel la vérité de la critique immanente de Kant, mais au contraire de chercher dans la critique immanente de Kant la vérité de la thèse hégélienne de la médiation réciproque du sujet et de l'objet. C'est à partir d'une critique immanente de la théorie kantienne de l'objectivité qu'il faut chercher à dépasser les limitations de la conception hégélienne des rapports du sujet et de l'objet, conception rendue incapable par ses présuppositions idéalistes de rendre compte tout à la fois de l'identité (ou la médiation) et de la différence (qualitative) de ces deux moments du savoir, contrairement à ce qu'elle prétend. Adorno écrit ainsi :

> Kant lui-même ne s'est pas laissé détourner du moment du primat de l'objectivité. Il a, dans la *Critique de la raison pure*, à partir d'une intention objective, conduit tout autant l'analyse subjective de la faculté de connaître qu'il a défendu avec entêtement la chose en soi transcendante. [...] Si la construction de la subjectivité transcendantale fut l'effort grandement paradoxal et faillible pour se rendre maître de l'objet dans son pôle opposé, on peut dire aussi que ce ne serait qu'à travers sa critique qu'on pourrait accomplir ce que la dialectique idéaliste positive ne fit que proclamer[64].

Cependant, cette inversion du dispositif Kant-Hegel doit à son tour être inversée. Kant ne permet en effet de corriger Hegel que pour autant que le concept de primat de l'objet est entendu en son sens « ontologique »[65] alors que la fonction propre de ce concept est d'ordre épistémologique : prépondérance de l'objet signifie exigence d'une connaissance qui ne se contenterait pas de réduire l'objet aux concepts à travers lesquels il est connu, mais porterait également à l'expression conceptuelle ce qui en lui n'est pas identique à ces concepts. Or, cette exigence est incompatible avec la conception kantienne de l'hétérogénéité de l'objet au sujet, comme Adorno le remarque dans la cinquième section de « Sujet-objet » :

> Il n'est légitime de parler du primat de l'objet que si cette primauté peut se définir de quelque manière par rapport au sujet au sens le plus large, davantage donc que la chose en soi de Kant en tant que cause inconnue du phénomène[66].

◼ 64. T. W. Adorno, *Dialectique négative*, op. cit., p. 225-226 (GS 6, p. 185-186).
◼ 65. On remarquera que le terme d'ontologie n'est pas toujours disqualifié par Adorno. Voici la phrase qui suit la citation précédente : « Dans cette mesure, l'ontologie refusant de façon critique au sujet le rôle strictement constitutif, on a besoin d'un moment ontologique, sans pour autant que l'objet soit substitué au sujet comme une seconde immédiateté » (*Dialectique négative*, op. cit., p. 226/GS 6, p. 186).
◼ 66. T. W. Adorno, « Sujet-objet », op. cit., p. 267 (GS 10.2, p. 748).

L'identification du moment non-identique dans l'objet à la chose en soi n'est pas seulement à rejeter parce qu'elle pose ce non-identique comme un inconnaissable alors que le projet d'une dialectique négative est de le porter à l'expression conceptuelle. Elle est à rejeter également parce qu'elle est solidaire d'une définition de l'objet connaissable, le phénomène, comme une simple objectivation des formes de connaissance constitutives du sujet transcendantal. La critique adornienne de Kant consiste alors en quatre lignes argumentatives qui chaque fois font jouer Hegel contre Kant.

Premièrement, la théorie kantienne de la connaissance est selon Adorno représentative de la violence que le penser identificatoire fait subir à ces objets. Lorsqu'il n'est pas réduit à une simple objectivation de la connaissance, l'objet est conçu comme un matériau informe auquel le sujet peut imposer sans résistance les formes pures de la sensibilité et de l'entendement. Or, si l'objet était réellement défini comme hétérogène, l'idée d'une telle connaissance par imposition des formes pures de la sensibilité et de l'entendement ne pourrait plus être considérée autrement que comme relevant d'une violence exercée sur les objets ; cette violence est constitutive du sujet transcendantal. Dans la septième section de « Sujet-objet », Adorno peut ainsi affirmer que « ce que Kant qualifiait de formation est essentiellement déformation »[67]. La thèse du primat de l'objet est au contraire porteuse de l'idée d'une connaissance qui est « essentiellement déformation de son travail habituel, destruction de la violence qu'elle exerce sur l'objet »[68]. Or, c'est bien Hegel qui fournit le modèle d'une pensée dialectique conçue comme correctif de la violence exercée par le penser identificatoire[69], de même que le concept de « mouvement du concept », en tant que le mouvement du concept se veut identique au mouvement de la chose, est présenté comme le thème « central » de la dialectique hégélienne[70].

Le dispositif Kant-Hegel est donc bel et bien inversé

Deuxièmement, Kant doit être critiqué pour la fixité qu'il attribue aux formes de la connaissance, alors qu'une connaissance s'abandonnant à la vie de son objet, en se conformant à une exigence hégélienne qu'il convient de conserver une fois purgée de ses présuppositions idéalistes[71], est une connaissance qui transforme ses formes constitutives pour rendre compte des dimensions de l'objet de la connaissance qu'elle ne parvient pas à subsumer immédiatement. Selon Adorno, on ne peut pas admettre la thèse kantienne de la fixité et de la validité universelle des formes de la connaissance, c'est-à-dire l'idée qu'un

---

67. *Ibid.*, p. 270 (GS 10.2, p/ 752).
68. *Ibid.*
69. T. W. Adorno, *Trois études sur Hegel, op. cit.*, p. 46 (GS 5, p. 82) : elle « doit racheter les torts que la subjectivité mutilante cause à la vérité en soi, dans la mesure où cette subjectivité [...] pose comme vrai ce qui n'est jamais tout à fait vrai ».
70. T. W. Adorno, *Einleitung in die Dialektik, op. cit.*, p. 13, 20. Voir également *Trois études, op. cit.*, p. 86 (GS 5, p. 314) : « la pensée hégélienne [...] voudrait s'abandonner au mouvement de la chose même et guérir la pensée de son arbitraire ».
71. T. W. Adorno, *Trois études sur Hegel, op. cit.*, p. 14 (GS 5, p. 255-256). Voir également ND, p. 230 (GS 6, p 189).

objet n'est connaissable que pour autant qu'il est subsumé sous les seules formes qui le rendent pensable. Dans la cinquième section de « Sujet-objet », c'est la physique quantique qui est mobilisée comme objection empirique : elle prouve que tout n'est pas objectivable dans les formes de l'espace et du temps et selon les catégories de substance, de causalité et d'action réciproque. La physique quantique illustre également le fait qu'un gain d'objectivité peut-être acquis par l'intermédiaire d'une autoréflexion critique sur l'incapacité des formes de la connaissance à subsumer adéquatement certains objets :

> Quelque chose d'incompatible avec la doctrine de la constitution de Kant parle en faveur de la primauté de l'objet : le fait que, dans les sciences modernes de la nature, la raison va plus loin que les limites qu'elle s'est elles-mêmes fixées, saisissant une bribe de ce qui ne coïncide pas avec ses catégories élaborées [72].

Adorno se réfère sans doute ici au fait que les objets de la microphysique ont un comportement à la fois corpusculaire et ondulatoire, de sorte qu'ils contredisent les intuitions spatio-temporelles selon lesquelles un phénomène est ou bien ondulatoire ou bien corpusculaire, en même temps qu'ils mettent en échec toute tentative d'objectivation des données empiriques par l'intermédiaire des seules catégories dynamiques de la substantialité, de la causalité et de l'action réciproque. Ces allusions à la physique quantique résument un argument développé dans la *Dialectique négative*. Après avoir souligné que les formes de la connaissance « ne sont pas, comme d'après la doctrine kantienne quelque chose de dernier pour la connaissance » et que « celle-ci est capable de les briser dans le déroulement de l'expérience » [73], Adorno ajoutait :

> Si la philosophie, fatalement coupée des sciences de la nature, peut, sans produire aucun court-circuit, se réclamer de la physique, c'est dans un tel contexte. Son développement depuis Einstein a, par sa rigueur théorique, fait éclater la prison de l'intuition aussi bien que celle de l'a-priorité subjective de l'espace, du temps et de la causalité. L'expérience subjective – selon le principe newtonien de l'observation – parle, avec la possibilité d'une telle rupture, en faveur du primat de l'objet et contre la toute-puissance de cette expérience. Elle retourne, dans un esprit involontairement dialectique, l'observation subjective contre la doctrine des constituants subjectifs [74].

La thèse suivant laquelle la connaissance est « capable de briser [les formes de la connaissance] dans le déroulement de l'expérience » constitue une référence implicite au concept d'« expérience de la conscience » tel qu'il est formulé dans la *Phénoménologie de l'esprit*, à savoir au sens d'une autoréflexion par laquelle la connaissance prend conscience de l'inadéquation partielle des formes dans lesquelles elle pense son objet, et de la nécessité d'une transformation de ces formes. La référence à la physique quantique, conçue comme expérience de la conscience, livre ainsi le sens épistémologique de la

---

■ 72. T. W. Adorno, « Sujet-objet », *op. cit.*, p. 267 (GS 10.2, p. 748).
■ 73. T. W. Adorno, *Dialectique négative, op. cit.*, p. 229 (GS 6, p. 188).
■ 74. *Ibid.*

thèse, déjà mentionnée, selon laquelle la *Phénoménologie de l'esprit* représente une avancée majeure par rapport à la *Critique de la raison pure* parce qu'elle pense en termes dynamiques, dans un processus de transformation réciproque, les rapports du sujet et de l'objet que Kant n'envisageait de manière statique[75].

Troisième objection : l'interprétation kantienne de l'objet de la connaissance comme constitué par les formes de la connaissance revient à réduire la connaissance à une tautologie. Une célèbre formule de la préface de la seconde édition de la *Critique de la raison pure* n'affirme-t-elle pas que « nous ne connaissons *a priori* des choses que ce que nous y mettons nous-même » ? Dans son cours sur la *Critique de la raison pure*, Adorno abordait le problème du caractère tautologique de la connaissance du point de vue d'une critique immanente de Kant. Il y soulignait que la dévalorisation kantienne des jugements analytiques au profit des jugements synthétiques *a priori* participe précisément d'une critique de la connaissance tautologique et de l'exigence d'une connaissance du non-identique, alors qu'inversement, la théorie des conditions de possibilité des jugements synthétiques *a priori* reconduit le principe de la connaissance tautologique[76]. Cette contradiction se redouble dans le fait que l'objet connu est réduit, en tant que phénomène, à une objectivation des formes de la pensée d'un objet en général, en même temps qu'il est conçu, en tant que chose en soi, comme irréductible à ces formes. En définitive, on peut donc avancer, du point de vue de la critique interne de la *Critique de la raison pure*, que Kant a formulé l'exigence d'une connaissance de ce qui dans l'objet n'est pas identique aux concepts dans lesquels il est connu, mais qu'il ne l'a formulée que de manière implicite et contradictoire, ou encore, qu'il n'a posé le problème fondamental de la connaissance qu'à travers les contradictions qui traversent son propos. Adorno en concluait que c'est Hegel, et non Kant, qui a trouvé « la solution du problème de la connaissance »[77], lui qui a critiqué la manière dont l'entendement est soumis au principe d'identité, qui a récusé la distinction du phénomène et de la chose en soi, tout en faisant de la contradiction l'opérateur permettant de porter le non-identique à l'expression conceptuelle[78]. Précisons cependant que « résoudre le problème de la connaissance » ne signifie pas le poser dans le cadre d'une théorie de la connaissance, c'est-à-dire à la manière d'une théorie des formes générales de la connaissance, comme chez Descartes, Kant et ultérieurement chez Husserl et dans le positivisme logique. Hegel, en ayant

▥ 75. T. W. Adorno, *Kants « Kritik der reinen Vernunft »*, op. cit., p. 246-248.

▥ 76. *Ibid.*, leçon 7, p. 108 *sq.* Cet argument se retrouve, sous forme condensée, dans les *Trois études*, p. 76 (GS 5, p. 305) : « les jugements synthétiques *a priori* sont marqués d'une profonde contradiction. Ils étaient *a priori* au sens kantien le plus strict, ils n'auraient aucun contenu et ne seraient que des formes vides, de pures propositions logiques, des tautologies, dans lesquelles la connaissance n'ajouterait à elle-même rien de nouveau, rien de différent. Mais s'ils doivent être synthétiques, et constituer vraiment des connaissances, et non de simples dédoublements du sujet, ils ont alors besoin de ces contenus que Kant voulait bannir de leur sphère parce que contingents et purement empiriques ».

▥ 77. Voir *Kants « Kritik der reinen Vernunft »*, op. cit., p. 109, où Hegel est présenté comme la « Lösung überhaupt des Erkenntnisproblems ».

▥ 78. T. W. Adorno, *Dialectique négative*, op. cit., p. 13, 14 (GS 6, p. 16, 17) : « la doctrine hégélienne de la dialectique représente la tentative inégalée de se montrer, avec des concepts philosophiques, à la hauteur de ce qui leur est hétérogène ». « La contradiction est le non-identique sous l'aspect de l'identité ; le primat du principe de contradiction dans la dialectique mesure l'hétérogène au penser de l'unité. En se heurtant à sa limite, celui-ci se dépasse. La dialectique est la conscience rigoureuse de la non-identité ».

SUJET-OBJET : LE DISPOSITIF HEGEL-KANT

montré contre Kant qu'il ne peut y avoir de formes de la connaissance en général si l'idée de connaissance doit être entendue en son sens le plus fort, mais seulement des formes de connaissance particulières, adaptées à des objets de connaissance particuliers, a sapé le principe même des théories de la connaissance conçues comme théories de la connaissance *en général* [79].

Mais l'idée d'une connaissance dialectique du non-identique présuppose que soit disponible une expérience de ce qui dans un objet est hétérogène, ou non-identique, à ce qui est connu de lui, une expérience qui permette de prendre conscience de l'insuffisance de la connaissance de cet objet et puisse motiver un effort en vue de l'expression conceptuelle, par l'intermédiaire de la contradiction, de ce moment non-identique. En d'autres termes, la critique du penser identificatoire n'est possible que si l'expérience est autre chose qu'une simple objectivation de nos catégories. C'est en ce sens que dans les sections 4 et 7 de « Sujet-objet », Adorno souligne premièrement que le concept de primat de l'objet est solidaire d'un concept d'expérience non réduite à l'objectivation des catégories, et deuxièmement que l'objectivité de la connaissance dépend tout autant des concepts universels permettant d'objectiver les phénomènes que de la manière dont nous sommes affectés sensiblement par des objets particuliers. Selon une formule de la *Dialectique négative*, « en opposition brutale avec l'idéal scientifique courant, l'objectivité de la connaissance a besoin non d'un moins mais d'un plus de sujet. Sinon, l'expérience philosophique dépérit » [80].

D'où un quatrième argument antikantien car Kant est précisément celui qui non seulement fonde l'objectivité de la connaissance sur la seule universalité des formes de connaissance, mais en outre réduit les objets de l'expérience à ce qu'Adorno appelle un « miroir » ou de simples « exemples » des catégories [81]. Alors que « la position clef du sujet dans la connaissance est l'expérience, non pas la forme » [82], Kant réduit le sujet de la connaissance aux formes de la sensibilité et de l'entendement en tant qu'elles définissent les conditions de l'expérience possible indépendamment de toute prise en compte de la manière dont nous sommes somatiquement et psychologiquement affectés par les objets. D'où la thèse suivant laquelle « l'aptitude à l'expérience […] fait défaut au sujet transcendantal » [83]. Ici encore, Hegel vaut comme contre-modèle, lui qui, d'une part, reproche à l'entendement, c'est-à-dire au penser identificatoire, de mutiler l'expérience, et d'autre part, inscrit dans le concept d'expérience de la conscience la possibilité d'une réflexion à partir

79. T. W. Adorno, *Trois études sur Hegel*, op. cit., p. 76 (GS 5, p. 306-307).

80. *Ibid.*, p. 56 (GS 6, p. 50). L'un des objectifs principaux de l'introduction de la *Dialectique négative* est précisément de formuler ce concept d'expérience philosophique ou spirituelle. Voir à ce propos le commentaire proposé par A. Honneth, « Une dialectique restitutive. L'"Introduction" d'Adorno à la *Dialectique négative* », *Ce que social veut dire*, vol. 2, Gallimard, Paris, 2015, p. 59-80.

81. T. W. Adorno, *Vorlesungen über negative Dialekitk*, Francfort/Main, Suhrkamp, 2003, p. 114 : « La philosophie doit chercher son contenu dans la multiplicité non diminuée des objets. Elle doit les restituer rigoureusement, ne pas les réduire à un miroir, ne pas confondre son propre reflet avec le concret. Une telle philosophie serait l'expérience pleine et non réduite dans le médium de la réflexion : "expérience spirituelle". Une telle transformation du concept d'expérience est déjà préparée chez Hegel et dans l'idéalisme allemand, contre Kant. Le contenu de l'expérience n'est pas de fournir des exemples aux catégories ».

82. T. W. Adorno, « Sujet-objet », *op. cit.*, p. 270 (GS 10.2, p. 752).

83. *Ibid.*, p. 274 (GS 10.2, p. 756).

de l'expérience sur ce qui dans l'expérience est irréductible aux formes de connaissance qui la structurent. Il s'agit là de l'un des thèmes principaux de la deuxième des *Trois études sur Hegel* ; il joue également un rôle stratégique dans « Sujet-objet »[84].

Au terme de cet examen des principaux thèmes de l'article « Sujet-objet » sous l'angle de la confrontation de Kant et de Hegel, posons plus généralement la question de l'importance de ces deux penseurs chez Adorno. Dans son cours intitulé « Problème de la philosophie morale », il indiquait que sa philosophie est redevable à Kant, Marx et Nietzsche, « et en vérité peut-être encore plus qu'à Hegel »[85]. Ce passage est parfois mobilisé à l'appui d'une relativisation de l'hégélianisme d'Adorno[86]. On notera cependant que cette relativisation de l'importance de Hegel est assortie d'un « peut-être ». Il est également significatif qu'elle ait un cours de philosophie morale pour contexte, plus précisément, un cours où les questions de philosophie morale sont abordées dans le cadre d'une critique immanente de Kant. Il est indéniable que la critique de la morale développée par Adorno notamment dans *La dialectique de la raison* et *Minima Moralia* puise son inspiration dans celles qu'ont développées avant lui non seulement Marx[87] mais aussi Nietzsche[88], tout autant d'ailleurs que Freud[89], curieusement absent de l'énumération des influences décisives. Cependant, il serait absurde d'affirmer que la critique hégélienne des conceptions kantiennes, et le geste consistant à reconduire la *Moralität* à la *Sittlichkeit* ne joue chez Adorno aucun rôle significatif. Il serait plus absurde encore d'avancer que le concept de dialectique négative, tel qu'il est formulé dans l'introduction et la deuxième partie de la *Dialectique négative*, doit plus à Kant, Nietzsche et Marx qu'à Hegel.

Comme on le comprend à la lecture de « Sujet-objet », c'est la confrontation de Kant et de Hegel qui y joue un rôle déterminant, et dans cette confrontation, ce sont indéniablement les thèmes hégéliens qui sont les plus structurants. Si cette thèse est parfois jugée contestable par le commentaire adornien, c'est que la *Dialectique négative* déjà, et « Sujet-objet » plus encore, se sert de Kant pour souligner ce qui distingue la dialectique adornienne de celle de Hegel, quitte à forcer le trait. La question de la prépondérance de l'objet en fournit une illustration, puisque Kant apparaît comme son initiateur dans l'ouvrage de 1966 alors qu'au contraire les *Trois études sur Hegel* s'efforçaient de montrer que la valeur de la philosophie hégélienne tient à ce que « Hegel se

---

84. *Ibid.*, p. 270 (GS 10.2, p. 752) : « Le contenu objectif de l'expérience individuelle ne s'établit pas à l'aide de la méthode de généralisation comparative, mais en dissolvant ce qui empêche cette expérience – elle-même inhibée – de s'abandonner à l'objet sans réserve, avec cette liberté, comme dit Hegel, que déploya le sujet de la connaissance jusqu'à ce qu'il se fonde véritablement dans l'objet auquel il est apparenté en vertu de son statut d'objet ».

85. T. W. Adorno, *Probleme der Moralphilosophie*, Francfort/Main, Suhrkamp, 1996 p. 255.

86. Comme chez M. N. Sommer, *Das Konzept einer Negativen Dialektik, op. cit.*, p. 20.

87. Sur les sources marxiennes de la pensée adorniennes, et les médiations que représentent Lukacs et Korsch, voir J.-M. Vincent, *La théorie critique de l'école de Francfort*, Paris, Galilée, 1976. Voir également F. Jameson, *Late Marxism. Adorno or the Persistence of the Dialectique*, Londres, Verso, 2007.

88. Sur l'interprétation de Nietzsche par Horkheimer et Adorno, voir A. Gayraud, « Nietzsche : les Lumières et la cruauté. De l'interprétation de Nietzsche par la *Théorie critique* », *Astérion* n° 7, 2010 (DOI : 10.4000/asterion. 1585)

89. Sur ce point, voir notamment Y. Sherratt, « Adorno's Concept of the Self : A Marriage of Freud and Hegelian Marxism », *Revue Internationale de philosophie*, n° 227, 2004, p. 101-117.

plie partout à l'essence propre de l'objet, partout l'objet retrouve toujours pour lui son immédiateté »[90]. Si l'on veut comprendre en quoi Adorno s'écarte de Hegel en substituant une dialectique négative et matérialiste à une dialectique positive et idéaliste, l'interpréter comme un kantien, un nietzschéen ou un marxiste est une impasse. Il faut bien plutôt chercher à comprendre à partir de Hegel, et de la critique immanente de son idéalisme, la manière dont Adorno fait jouer Kant, Nietzsche (avec Freud…) ou Marx contre Hegel. S'agissant de la théorie de la connaissance et de sa critique, la *Dialectique négative* et l'essai « Sujet-objet » confirment donc ce qu'Adorno affirmait lors de ses discussions avec Horkheimer déjà à l'époque de *La dialectique de la raison* : « une négation déterminée de la position hégélienne serait l'optimum d'une vérité théorique telle que je peux me la représenter »[91].

Emmanuel Renault
Professeur, Département de Philosophie
Université Paris-Nanterre

---

90. T. W. Adorno, *Trois études, op. cit.*, p. 15 (GS 5, p. 256).
91. M. Horkheimer, T. W. Adorno, Le laboratoire de *La dialectique de la raison*. Discussions, notes et fragments inédits, Paris, MSH éditions, 2013, p. 70.

T. W. ADORNO

LA FIN DE L'INDIVIDU? ADORNO LECTEUR DE KANT ET DE FREUD

Katia Genel

L'article examine le diagnostic adornien de la « fin de l'individu »
et tente, malgré son caractère d'exagération, de le prendre au
sérieux. En effet, l'individu n'incarne certes pas selon Adorno la
conscience critique qu'il représente idéalement face au monde,
puisque sa conscience et son autonomie se sont renversées en leur
contraire et le font se livrer plus directement aux processus de
rationalisation et de réification. Toutefois l'individu demeure pour
Adorno un concept critique. Comment appréhender l'individualité
sous la présupposition de sa fin ? Cette interrogation conduit à
étudier la manière dont Adorno croise Freud et Kant, à la fois
pour penser la domination des individus et pour chercher des
ressources critiques dans le contexte de la fonctionnalisation.

« Seul l'individu est quelque chose[1]. »

L'individu, plutôt que le sujet ou l'homme, désigne une partie
du tout qui s'est individualisée et recherche l'autonomie en
continuant à se rattacher à ce tout. Dans la continuité des
thèses marxiennes, il s'agit pour l'École de Francfort, et en
particulier pour Adorno, de critiquer l'individu en tant qu'il
constitue une fiction dans des conditions sociales qui rendent impossible son
autonomie ; en même temps, l'individu doit demeurer un idéal normatif pour
cette philosophie qui veut le défendre contre sa dissolution dans le collectif.
L'individu est donc un thème important de l'École de Francfort, mais son
traitement est complexe puisqu'il est à la fois objet de la critique et potentiel
critique. L'individu n'est pas à hypostasier comme entité indépendante, il est
l'autre face de l'organisation sociale.

Il s'agit ici d'examiner à la lumière de cette complexité le sens du diagnostic
de la « fin de l'individu » qui, comme de nombreux diagnostics de l'École

1. M. Horkheimer, *Notes critiques*, Paris, Payot, 1993, p. 108.

de Francfort, est à lire sous le signe de l'exagération[2]. Nous aimerions ici prendre ce diagnostic au sérieux, tout comme les questions de prime abord surprenantes qu'il soulève – notamment les deux questions posées par Adorno et Horkheimer au cours des discussions préalables à l'écriture de *La dialectique de la raison* : « Y a-t-il spontanéité de l'esprit sans complexe d'Œdipe ? » et « Quelle figure l'individu revêt-il dans la société sans classes[3] ? ». En effet, d'une part, la catégorie d'individu pose une question centrale de la philosophie adornienne : celle de savoir comment viser la concrétude sans qu'elle soit faussement dissociée des rapports sociaux. D'autre part, le diagnostic, tout exagéré qu'il paraisse, est frappant d'actualité : la perte de sens et l'impression d'impuissance décrivent fort bien les rapports qu'entretiennent aujourd'hui les individus à la société dans le domaine de la politique et du travail comme de l'existence privée. Très actuelle nous paraît être « la conscience qu'a chaque individu singulier d'être un rouage superflu dans l'engrenage social dominant et de pouvoir perdre la base de son existence »[4]. Il n'en demeure pas moins que l'énoncé radical de la fin de l'individu, apparemment paradoxal à l'ère de l'hyperindividualisme qui caractérise nos sociétés, n'a pas manqué de susciter des critiques, notamment celle de Habermas[5]. Il semble être un signe de la contradiction performative que repère ce dernier, selon laquelle il faudrait bien supposer un individu au fondement du diagnostic de la réification totale, et ici de la fin de l'individu. Y a-t-il alors oubli des sujets empiriques et de leur singularité[6], Adorno reprend-il d'une main ce que sa pensée entendait fournir de l'autre : « une éthique de la préservation de la singularité », pour le dire dans les termes d'Haber[7] ? L'assujettissement presque sans reste des individus, rendant la critique difficile, appellerait davantage une théorie purement fonctionnaliste. En outre, ce diagnostic adornien souvent tenu pour caricatural a pu apparaître comme conservateur voire réactionnaire.

Pour savoir si l'on a affaire à une impasse de la théorie critique, il nous faut donc clarifier la question de savoir si Adorno parle des individus réels ou du sujet transcendantal. Ce qui nous intéresse est l'ambiguïté suivante : certes, l'individu n'est plus aujourd'hui la conscience critique qu'il devrait idéalement représenter, il devient un rouage dans les processus de rationalisation jusqu'à connoter biologiquement l'assimilation au tout social. Objet de la critique, il est toutefois toujours maintenu comme concept critique. Si l'idéalisme avait placé l'individu, incarnation de la raison et de la liberté, au centre de la philosophie, sur quelle base repenser l'individualité dans une perspective

CAHIERS PHILOSOPHIQUES ▸ n° 154 / 3ᵉ trimestre 2018

2. Cela ne vaut pas seulement de la psychanalyse, dont « rien n'est vrai que ses exagérations », T. W. Adorno, *Minima moralia : réflexions sur la vie mutilée*, Paris, Payot, 2001, p. 51.

3. M. Horkheimer, T. W. Adorno, *Le laboratoire de* La dialectique de la raison, Paris, Éditions de la Maison des sciences de l'homme, 2013, p. 16 *sq*.

4. T. W. Adorno, « Individu et organisation », *Société : intégration, désintégration*, Paris, Payot, 2009, p. 159-179, ici p. 165-166.

5. Voir sa *Théorie de l'agir communicationnel*, ainsi que *Raison et légitimité*. Voir encore *Après Marx*. La critique de ce diagnostic adornien est étroitement liée, chez Habermas, à sa critique du fonctionnalisme luhmannien. Voir sur ce point I. Aubert, *Habermas. Une théorie critique de la société*, Paris, CNRS Éditions, 2015.

6. Stéphane Haber évoque « la conviction hâtive selon laquelle les individus ne sont plus intéressants parce que l'individu comme valeur historique n'a, dans les faits, pas résisté aux avancées d'une rationalisation destructrice » (S. Haber, *Freud et la théorie sociale*, Latresne, Éditions du bord de l'eau, 2012, p. 231).

7. *Ibid.*, p. 231.

matérialiste ? Nous examinerons la discussion du concept idéaliste de l'individu défini par la spontanéité, par lequel l'individu est paradoxalement dépossédé de sa singularité ; cela vaut également sur le plan moral, où il est cette fois dépossédé par la mise au jour d'une impulsion pré-égoïque. Un dialogue avec l'idéalisme et la psychanalyse s'engage ainsi sur le terrain de ce qu'on peut appeler au sens large un inconscient social. La question est alors de savoir comment penser l'individu sous la présupposition de sa fin ?

Le sens du diagnostic de la fin de l'individu

La perte de soi dans la conservation de soi

Au cours des années 1940, se fait jour dans l'École de Francfort le diagnostic sociologique et psycho-sociologique de la fin de l'individu. Ce diagnostic présente certaines affinités avec d'autres développés plus ou moins à la même époque (on pense par exemple à l'obsolescence de l'homme d'Anders[8]). La « fin » de l'individu renvoie à une transformation de la division du travail qui affecte intérieurement les individus : les « traits productifs » de l'individu se sont donc « radicalement restreints à une fonction unilatérale, limitée et spécialisée »[9]. Adorno évoque dans les *Minima Moralia* « la décomposition de l'homme en ses différentes facultés », « projection de la division du travail sur ceux qui en sont les prétendus sujets, inséparable de l'intérêt qui cherche les moyens de les faire travailler pour un profit plus élevé et, plus généralement, de les manipuler »[10]. Le déclin idéologique de l'individu reflète le « rétrécissement de sa base économique et sociale » :

> Son avènement et son déclin sont profondément reliés au destin de la propriété de la classe moyenne. […] Il s'est conçu lui-même comme un sujet autonome, dont ne dépendait pas seulement son propre bien-être mais la prospérité de sa famille, comme celle de sa communauté et son état. Il n'y avait pas d'instance qui lui dirait quoi produire ou bien où et quoi acheter et vendre. Il devait planifier tout cela par lui-même, compter sur ses propres calculs prévoyants. De nos jours, ces opérations tendent à être reprises de plus en plus par des instances collectives[11].

L'individu ne désigne donc pas ou plus la conscience critique qu'il incarnait dans la philosophie bourgeoise, mais il devient un rouage dans le mécanisme de la rationalisation. Ce processus est décrit par les théoriciens critiques comme un renversement de la « conservation de soi » qui suppose de la part de l'individu depuis la période moderne l'exercice d'une rationalité calculatrice, en une perte de soi.

L'individu devient en effet un vecteur d'adaptation voire d'assimilation à la puissance collective, si l'on entend par là un processus mimant la biologie et qu'Adorno et Horkheimer décrivent en termes de mauvaise mimésis ou de « mimicry ». Il s'agit d'un façonnement direct par des « instances collectives »

8. On pense encore à d'autres analyses célèbres comme celle de la mort de l'homme selon *Les mots et les choses* de Foucault, ou encore celle de lecteurs de Hegel comme Kojève.
9. M. Horkheimer, « Das Ende des Individuums » [1945], *Gesammelte Schriften*, Bd. 12, p. 318.
10. *Minima Moralia. Réflexions sur la vie mutilée*, *op. cit.*, § 39, p. 68.
11. « La raison en conflit avec elle-même », *Le laboratoire de* La dialectique de la raison, p. 286-287.

qui s'opère sans mettre en jeu de conscience réflexive, par des mécanismes d'imitation. *La dialectique de la raison* souligne cette connotation biologique en indiquant que l'individu n'est alors qu'un simple représentant de l'espèce [12]. Dans « Raison et conservation de soi », Horkheimer précisait déjà que l'incorporation idéologique par les schèmes dominants s'accomplit par une « préformation *quasi biologique* pour une collectivité dirigée d'en haut » [13].

Une spontanéité sans complexe d'Œdipe ?

À partir de la métaphore de la division du travail, le diagnostic trouve une expression en termes psychanalytiques : l'individu est « une petite entreprise psychologique » qui connut le même destin que la petite fabrique supplantée par le grand magasin [14]. Il a cessé de ne s'inquiéter que de lui-même. « À l'époque des grands trusts et des guerres mondiales », « les sujets de l'économie pulsionnelle sont expropriés psychologiquement et cette économie est gérée plus rationnellement par la société elle-même » [15].

Adorno complète ces explications en langage psychanalytique en précisant qu'il s'agit d'une individuation « sans complexe d'Œdipe », c'est-à-dire sans intériorisation des figures d'autorité traditionnelles et sans conflit avec elles. Il entend éclairer la transformation anthropologique qu'est la fin de l'individu, et qui est liée aux changements de la réalité sociale. Dans « Problème du nouveau type humain », Adorno souligne que la sublimation, confrontation avec la réalité extra-mentale, ne peut plus s'opérer de la même manière « parce que la réalité soustrait au Moi en voie de formation à la civilisation les points d'appui nécessaires à la sublimation » et en raison du « pouvoir qu'a acquis cette même réalité », si démesuré « qu'il en écrase le Moi et le désagrège jusque dans sa complexion la plus intime par l'angoisse devant le réel qu'il génère » [16]. Suit une série de traits diagnostiques : premièrement, le monde ne propose plus à l'enfant aucune image, deuxièmement, les objets de l'action changent et invitent à une adaptation, troisièmement, le travail s'est modifié et ne fait plus de place à la pratique et à l'expérience. Le quatrième point porte sur l'autorité et le déclin de la famille : Adorno vise un rapport de conflit voire d'antagonisme, incarné par la structure œdipienne, que le nouveau rapport à la réalité empêche, menaçant ainsi la constitution de l'autonomie. La famille n'est plus « l'agence de médiation qui opère entre la société et l'individu » mais en un sens, « la société a immédiatement pris en main l'individu » [17]. Cela constitue à la fois un progrès, une libération à l'égard des autorités, et la recréation d'une nouvelle forme de contrainte horizontale. Le postulat

---

12. « L'industrie culturelle a de manière sardonique réalisé les hommes comme membres de l'espèce. Chacun n'est plus que ce par quoi il peut remplacer n'importe quel autre : interchangeable, un exemplaire. Il est lui-même, en tant qu'individu, le remplaçable absolu, le pur rien, et cela il commence à le ressentir lorsqu'avec le temps il perd sa similarité. », M. Horkheimer, T. W. Adorno, *La dialectique de la raison. Fragments philosophiques*, trad. E. Kaufholz, 1983, p. 154, traduction modifiée.

13. Horkheimer, « Raison et conservation de soi », in *Eclipse de la raison*, Paris, Payot, 1974, p. 235, nous soulignons.

14. *Dialectique de la raison*, p. 210.

15. *Ibid.*, p. 211 (traduction légèrement modifiée).

16. T. W. Adorno, *Current of Music. Éléments pour une théorie de la radio*, Québec, Presses de l'Université Laval, 2010, p. 341.

17. *Ibid.*, p. 342.

qui sous-tend cette analyse est que « c'est dans la confrontation vivante et concrète à la famille que s'accroissent les meilleures forces de l'individu, qui n'ont plus aujourd'hui pour ainsi dire de point d'attaque vivant » ; le pouvoir « immédiatement sensible qu'exerce la société sur l'individu » est plus angoissant que « ce bon vieux complexe d'Œdipe »[18]. En l'absence d'identification à des modèles parentaux, et donc de processus de conflit avec ces figures parentales (notamment le père, selon Adorno), l'individu perd son autonomie et sombre dans l'angoisse. Pour dépasser l'angoisse liée à la séparation d'avec le tout, l'individu peut alors chercher à se soumettre à des puissances collectives : c'est ainsi qu'Adorno analyse certains mécanismes autoritaires dans ses *Etudes sur la personnalité autoritaire*[19]. La fin de l'individu renvoie ainsi à une faiblesse psychique qui appelle l'intégration, ou plutôt l'intégration apparente dans un collectif en voie de désintégration. En ce point s'enracine peut-être aussi l'apport d'Adorno à un débat qu'amorce Paul Federn (le premier à écrire sur « la société sans pères » dès 1919[20]) et que poursuit Mitscherlich avec son propre ouvrage sur la société sans pères, qu'il conçoit comme ce qui laisse les individus démunis, livrés au façonnement direct par le système impersonnel, et à la fois ouvre la possibilité de rapports fraternels horizontaux[21]. Il n'est pas certain que le point de vue adornien soit aussi optimiste, et les modalités d'une constitution non pathologique de l'individu ne sont pas clairement énoncées.

La « fin de l'individu » ou celle « des individus » ?

D'un point de vue habermassien, on l'a évoqué, ce diagnostic peut être interprété comme une exagération qui conduit à une contradiction performative : s'il n'y a plus d'individus, il n'y a plus de point de vue critique. C'est ce que suggère Isabelle Aubert quand elle interprète la position de Habermas dans « Développement moral et identité du moi » (1974), ce dernier doutant de l'adhésion complète d'Adorno à cette thèse : « D'une certaine façon, il serait contradictoire de soutenir la disparition des individus réels sans se servir théoriquement d'un concept d'individu. En pratique, une société ne peut être jugée totalement réifiée que si l'on prend pour critère les effets qu'elle provoque sur les individus concrets »[22]. Adorno doit maintenir un concept de moi autonome à l'aune duquel il diagnostique sa disparition effective.

Si, dans la réception habermassienne, le diagnostic de la fin de l'individu est pris dans une contradiction entre réel et idéal, il nous semble plutôt que le concept d'individu est autant affecté que l'individu empirique par le déclin. Il s'agit d'interroger la réalité de l'aliénation, autant que l'obsolescence d'un concept. Adorno tente d'opérer un sauvetage de la philosophie bourgeoise et de ses concepts à l'heure de son déclin, tout en menant une critique radicale

18. *Ibid.*, p. 342-343. Le cinquième trait est le dépérissement de la langue, et le sixième est le changement du rapport au corps dans le sport.
19. T. W. Adorno, *Études sur la personnalité autoritaire*, Paris, Allia, 2007.
20. P. Federn, *Zur Psychologie der Revolution : die vaterlose Gesellschaft*, Vienne, Anzengruber Verlag, 1919.
21. A. Mitscherlich, « Les masses ou deux sortes d'absence du père », *Vers la société sans pères. Essai de psychologie sociale*, Paris, Gallimard, 1981, p. 297-335. Il y a donc un type d'absence du père qu'il faut assumer au sens où il mobilise les facultés créatrices et permet à l'examen critique de remplacer les angoisses régressives.
22. I. Aubert, *Habermas. Une théorie de la société*, op. cit.

des conditions dans lesquelles ceux-ci conservent une portée émancipatrice. L'individu en tant qu'idéal perd sa pertinence de la même manière que les individus se rétrécissent dans la réalité. L'individu est un idéal qui « ne marche pas ». Dans *Modèles critiques*, Adorno précise que le sujet transcendantal est plus réel que les individus psychologiques :

> En un sens, il arrive ce que l'idéalisme serait le dernier à reconnaître : le sujet transcendantal est plus réel, plus déterminant pour le comportement effectif des hommes et de la société qu'ils composent, que ne le sont ces individus psychologiques dont on a isolé la part transcendantale et qui n'ont guère la parole en ce monde ; qui, pour leur part, sont devenus des appendices de la mécanique sociale, et pour finir une idéologie. L'individu vivant tel qu'il est contraint d'agir, et tel qu'il a été modelé, est – en tant qu'incarnation de l'homo œconomicus – bien plus le sujet transcendantal que ne l'est l'individu vivant qu'il est bien obligé de voir en lui-même [23].

Si l'idéalisme a un concept fort d'individu comme protestation contre le monde [24], dont Marx hérite aussi [25], cet individu n'est toutefois pas assez individuel : selon Adorno, comme selon Marcuse ou Horkheimer, l'idéalisme a paradoxalement pensé la réalisation de la domination sous les traits de l'universel, par laquelle se perd l'individu. Marcuse évoque par exemple le concept idéaliste de conscience universelle, qui « renferme le problème de la relation du sujet au tout de la société », problème qu'il formule ainsi : « comment l'universalité peut-elle être sujet sans supprimer [*aufheben*] l'individualité [26] ? ». La protestation idéaliste de l'individu face au monde doit trouver à se traduire dans la réalité sociale. Le vrai concept d'individu ne fait pas face abstraitement à la société.

L'un des volets de la critique de l'idéalisme est la mise au jour de la dimension sociale du moment transcendantal. Horkheimer et Adorno la pointent dans leurs différentes références à l'« art caché dans les profondeurs de l'âme humaine » évoqué par Kant [27]. Selon Horkheimer par exemple, l'obscurité du texte kantien reflète la forme contradictoire de l'activité humaine, entre transparence et opacité, conscience et inconscience, et fait signe vers le travail de la société : « l'activité de la société apparaît comme la puissance transcendantale » [28]. Adorno fait une analyse similaire, qu'il inscrit dans la continuité des travaux d'Alfred Sohn-Rethel et de son essai « Forme marchandise et forme de pensée. Essai sur l'origine sociale de l'"entendement pur" » [29]. Sohn-Rethel défendait l'idée selon laquelle la vérité du transcendantal est le travail social, et en réalité l'échange de marchandise, ce qui sert de base

■ 23. T. W. Adorno, *Modèles critiques*, Paris, Payot, 2003, p. 305.
■ 24. L'idéalisme s'est soucié de l'individu « bien avant de donner sa bénédiction au sacrifice de l'individu au service des fausses collectivités », pour reprendre les termes de Marcuse (H. Marcuse, « Philosophie und kritische Theorie », *Zeitschrift für Sozialforschung 6*, 1980, p. 636).
■ 25. E. Renault, « L'individu comme concept critique », Revue *Contretemps*, 9 janvier 2009 (http://www.contretemps.eu/lindividu-comme-concept-critique/#_ftn54).
■ 26. H. Marcuse, « Philosophie und kritische Theorie », art. cit., p. 641.
■ 27. « Du schématisme des concepts purs de l'entendement », *Critique de la raison pure*, Paris, La Pléiade, p. 887.
■ 28. M. Horkheimer, *Théorie traditionnelle et théorie critique*, Paris, Gallimard, 1996, p. 33.
■ 29. A. Sohn-Rethel, *La pensée-marchandise*, Vulaines-sur-Seine, Éditions du Croquant, 2010, p. 39-71.

à une critique visant à « libérer la théorie de la connaissance des obstacles et des pièges de la pensée idéaliste » [30]. Sohn-Rethel établit que les formes conceptuelles de la pensée qui prédominent à différentes époques de la production marchande développée sont issues des rapports de production déterminés, eux-mêmes conditionnés par un stade de développement des forces productives [31]. Adorno évoque Sohn-Rethel comme étant le premier à faire remarquer que « dans l'activité générale et nécessaire de l'esprit, se dissimule nécessairement du travail social » [32], et il dévoile dans la *Dialectique négative* le travail social qui se « cache » derrière l'aperception synthétique. Mais pour Adorno, le sujet transcendantal n'est pas une simple apparence, c'est quelque chose de réel.

Ainsi, le diagnostic de la fin de l'individu ne prétend pas à une simple validité empirique, l'individu demeurant un idéal normatif à l'aune duquel mesurer le déclin des individus réels. En réalité, le sujet transcendantal représente dans la pensée d'Adorno le conformisme réalisé. Il faut dès lors bâtir un autre idéal d'individu.

Le processus de fonctionnalisation

L'enjeu de la réflexion d'Adorno est de repenser les rapports entre l'individu et le tout en évitant toute hypostase des deux parties, qui ne sauraient se faire face l'une à l'autre. Comme l'écrivait Horkheimer, « l'émancipation de l'individu » ne consiste pas à « s'émanciper de la société, mais à délivrer la société de l'atomisation » [33]. On ne peut penser de force de résistance de l'individu que dans le cadre de son assujettissement ou de son déclin. La *Dialectique négative* le réaffirme : « Dans un état de liberté, l'individu ne pourrait pourtant pas plus se cramponner à sa vieille particularité – l'individualité est à la fois le produit de la pression sociale et le foyer de la force qui y résiste – que cet état ne s'accorderait avec le concept actuel de collectivité » [34].

Or comme le révèle « Individu et organisation » [1953], Adorno a bien en vue, avec ce diagnostic, une tendance croissante à la fonctionnalisation [35]. Le danger qui menace l'individu, c'est l'intégration dans un tout fonctionnel – pour le dire avec Emmanuel Renault, non seulement la « séparation d'avec la société, l'auto-répression dans le travail et la régression au plaisir brut » mais aussi « l'intégration de l'ensemble des aspects de l'existence à un système économique et administratif incontrôlable » [36] – une intégration qui masque une désintégration. Adorno désigne par là une caractéristique du système qui constitue sa force de résistance : ce qui lui est étranger s'y dévoile comme constitutif. Cette évolution (ou « involution ») du capitalisme libéral, selon laquelle « l'intégration s'est métamorphosée en cache-misère

▓ 30. *Ibid.*, p. 41.
▓ 31. *Ibid.*, p. 66.
▓ 32. T. W. Adorno, *Dialectique négative*, Paris, Payot, 2003, p. 217.
▓ 33. M. Horkheimer, *Eclipse de la raison*, p. 144
▓ 34. T. W. Adorno, *Dialectique négative, op. cit.*, p. 342.
▓ 35. « L'organisation suit un seul et unique tracé, celui du fonctionnement », art. cit., p. 161.
▓ 36. E. Renault cite ici la *Dialectique négative* : « Fonction de la société d'échange, le processus d'émancipation de l'individu se termine dans l'abolition de l'individu, par son intégration » (T. W. Adorno, *Dialectique négative, op. cit.*, p. 205), E. Renault, « L'individu comme concept critique », art. cit.

de la désintégration », trouve son corrélat dans l'involution de la conscience, « c'est-à-dire dans la régression des hommes en deçà de la possibilité objective qui leur serait aujourd'hui ouverte »[37]. La fin de l'individu renvoie à un rétrécissement des possibilités de subversion subjective du monde objectif, mais l'opposition demeure possible au sein du système et Adorno repère dans la jeunesse des attitudes de résistance face à l'adaptation.

La thèse de la fin de l'individu porte aussi bien sur les individus empiriques (avec le constat sociologique et psychosociologique de la faiblesse du moi), que sur l'individu comme concept. Elle est une critique de ce que les individus deviennent parce que le système de domination les contraint à être tels (l'individu disparaît tout en demeurant sous une forme « repersonnalisée »), et le constat de l'impossibilité de maintenir un concept d'individu qui fasse front contre la société, proteste de façon idéaliste, et plus encore se soigne ou s'arrose comme une fleur[38]. C'est au cœur de son expérience que la transformation s'est déroulée. L'individu est pris dans un processus de fonctionnalisation en dehors duquel on ne peut raisonner, souligne Adorno. Partant du fait de la fonctionnalisation, la distinction entre système fonctionnel et monde vécu colonisé n'est pas pertinente – telle pourrait être une réponse adornienne à Habermas.

Habermas ne s'est donc pas trompé en menant systématiquement, derrière la critique de la thèse adornienne de la fin de l'individu, celle du fonctionnalisme luhmannien qui lui paraît seul théoriquement adéquat à ce diagnostic exagéré. C'est ce qu'exprime Isabelle Aubert : « Le fonctionnalisme systémique deviendrait le cadre théorique adapté au *fait* de la fin de l'individu. Or, faire de la sociologie exclusivement sur le mode de la théorie des systèmes rendrait impossible toute évaluation critique »[39]. Mais si Luhmann ne s'intéresse pas aux individus, Adorno en maintient le concept comme ressource critique, ne serait-ce qu'*a minima* en évoquant individu qui aurait pour fonction d'être sans fonction.

> La thèse de la fin de l'individu porte aussi bien sur les individus empiriques que sur l'individu comme concept

37. T. W. Adorno, « Capitalisme tardif ou société industrielle ? », *Société : intégration, désintégration*, p. 101. Ce passage fait écho à *La dialectique de la raison* : « Les traits radicalement individuels d'un individu sont toujours deux composantes en une seule, ce qui n'a pas été investi totalement par le système dominant à tout moment, qui survit heureusement ainsi que les marques de la mutilation que le système inflige à ses membres » (p. 262).

38. « On ne peut pas voler au secours de l'individu en l'arrosant comme une fleur » (« Individu et organisation », art. cit., p. 174).

39. *Cf.* I. Aubert, *Habermas. Une théorie de la société*, *op. cit.*

Une individualité morcelée. Analyses de la spontanéité et de l'expérience

Spontanéité et expérience. La critique de l'idéalisme

La question de l'individu engage les théoriciens critiques, et notamment Adorno, à mener une enquête sur la « philosophie bourgeoise » au sens large, et en particulier sur la psychanalyse et la théorie kantienne de la connaissance pensées ensemble, dans la double direction indiquée : il s'agit à la fois de critiquer le caractère illusoire de la référence à l'individu et de mesurer à quel point il constitue une ressource.

La réflexion adornienne va débusquer du conformisme dans le lieu même de la liberté inhérente à l'acte de pensée : dans la spontanéité, par laquelle la théorie de la connaissance kantienne saisit l'individu [40]. Dans une discussion de Horkheimer et Adorno datant de 1939, Horkheimer évoque la déduction transcendantale de Kant comme lieu où l'on ne cesse pas de parler de spontanéité, où précisément « il y en a le moins ». La spontanéité se caractérise par une certaine impuissance et n'a plus de spontanéité que le nom. Au fond, elle ne fait que mettre en forme et ne produit rien de nouveau. À tous niveaux de la synthèse, on ne cesse de retrouver le déjà connu :

> L'« appréhension dans l'intuition » se réfère uniquement à ce qui est donné et elle est aux yeux de Kant tout à fait passive. Les deux niveaux supérieurs de la synthèse – la reproduction par l'imagination et la reconnaissance par le concept – sont rapportés à ce qui est passé : la syllabe « re » marque ce fait. La performance de la conscience revient à une simple réminiscence et une simple reconnaissance. *Au fond, tout revient à dire ici que la pensée ne peut rien par elle-même et ne fait que mettre de l'ordre dans ce qui est déjà là.* Toute la conception de l'unité a pour seul sens l'idée selon laquelle c'est toujours et toujours la même chose […]. Cette tendance se voit renforcée à l'extrême chez Kant à travers sa doctrine du schématisme, qui, de par son sens, revient à dire que même la performance ordonnatrice du mécanisme catégoriel est en vérité déjà liée par l'intuition elle-même [41].

Ici, la fin de l'individu est saisie à travers la pensée du même, et plus généralement aussi à travers l'expérience du même [42]. Les deux plans, théorique et pratique, sont constamment mêlés : si la spontanéité, qui fait de l'activité de pensée chez Kant un acte de liberté et non un simple enregistrement de perceptions, est menacée, la spontanéité au sens pratique qui devrait permettre l'imprévisible et l'accès au nouveau renvoie tout autant à une mise en forme du même qui empêche toute expérience du nouveau.

Les concepts d'individu et d'expérience sont mis à l'épreuve de la transformation profonde opérée par le processus de rationalisation, qui met

---

40. « Horkheimer pense qu'Adorno ne nie pas l'individu mais l'individu en tant que spontanéité. C'est la spontanéité qui relève de la légende, non l'individu. » *Le laboratoire de* La dialectique de la raison, *op. cit,* p. 30.
41. *Ibid.,* p. 26, nous soulignons.
42. « Il n'est rien de plus instructif que de voir que chez Kant, la question de la constitution de l'unité de la conscience coïncide avec celle de la constitution de l'objet. Comment cette identité naît-elle ? L'unité consiste précisément en ceci que toute expérience vécue est réduite à sa ressemblance avec quelque chose qui aurait déjà été vécu auparavant. », *Le laboratoire de* La dialectique de la raison, *op. cit,* p. 27.

en crise la notion de l'unité de sens psychanalytique, rapprochée de l'unité de conscience (ici le mauvais idéalisme transcendantal rejoint le mauvais positivisme[43]), et conduit à l'impossibilité de donner sens à l'expérience. Une certaine psychologie prend acte de ce processus de réification là même où, confrontée au fait de la fin de l'individu, elle tente encore désespérément de le sauver[44] ; mais Freud constitue aussi une ressource fournissant des pistes pour analyser cette réification de l'expérience. Plusieurs notes le montrent sans qu'une théorie de l'expérience ne soit explicitement élaborée. Dans la note « Le prix du progrès »[45] de *La dialectique de la raison* et dans celle non publiée sur le chien de Pawlow, Adorno et Horkheimer développent une réflexion sur l'expérience dans le contexte de l'industrialisation et du progrès. Ils évoquent des expériences somatiques qui s'accumulent (la production d'un suc gastrique par la mise en place d'une alimentation qui n'est jamais effective[46], ou encore la souffrance vécue sous chloroforme sans laisser de trace dans la mémoire) et ne prennent pas sens dans l'unité d'une conscience. Le « prix du progrès » est la fin d'une expérience éprouvée et vécue en nom propre, déposée dans une mémoire une. S'esquisse la possibilité d'une non-expérience ou d'une expérience anesthésiée. Dans « Le prix du progrès », la souffrance est ressentie mais sans qu'on en garde trace[47]. L'expérience est rendue impossible par l'oubli, la note se concluant par la célèbre formule selon laquelle « toute réification est un oubli ». Le chloroforme n'ouvre pas l'espoir de s'épargner une souffrance sur la table d'opération mais plutôt – comme le confirme le rapprochement des deux notes – la crainte d'une expérimentation menée à l'insu des patients. En lieu et place de l'unité de l'individu à laquelle rapporter ces expériences, on trouve des faits non conscients éclatés. Contre cet oubli, une remémoration, à entendre au sens de Benjamin mais aussi, d'une certaine manière, de Freud, est possible.

Contre cet éclatement des expériences somatiques comme spirituelles, Adorno et Horkheimer tentent de penser la possibilité d'une expérience du nouveau. Ce qui donne son unité à l'individu, chez Kant comme chez Freud,

---

43. Mais dans la thèse d'habilitation d'Adorno, l'unité de sens était ce qui rapprochait la théorie de Kant et celle de Freud de façon positive. Malgré l'hétérogénéité des deux doctrines, elles partageaient une méthode, celle de l'analyse, et le concept d'unité de sens y était central, implicitement ou explicitement. T. W. Adorno, « Der Begriff des Unbewussten in der transzendentalen Seelenlehre » [1927], in *Gesammelte Schriften* Band 1, Frankfurt/Main, Suhrkamp, 1973, p. 79-322.

44. La psychanalyse « met en place le principe du Moi qui est censé prendre en compte le principe de réalité comme moment de l'identité, alors que cela fait belle lurette que seul se comporte en conformité avec le principe de réalité celui qui réagit […] de façon béhavioriste ». *Le laboratoire, op. cit.*, p. 20.

45. En français dans le texte.

46. « Chaque chien pourvu d'une fistule à l'estomac et l'œsophage présente une ouverture découpée à peu près au milieu du cou. Les chiens avalent avec avidité des morceaux de viande placés devant eux dans des écuelles, mais l'œsophage étant coupé, la viande retombe dans la cuvette pour être avalée encore et encore. Simultanément, la fistule dans l'estomac fournit d'abondantes quantités d'un suc gastrique acide et limpide dont ces chiens produisent entre trois-quarts de litres et un litre en l'espace d'une matinée. » « À propos du commerce », in « Notes new-yorkaises », *Ibid.*, p. 219.

47. *La dialectique de la raison, op. cit.*, p. 248. Horkheimer évoque une histoire similaire : « Si l'on présuppose qu'un patient sur la table d'opération souffre de douleurs terribles sous anesthésie et que l'effet véritable de l'anesthésie consiste au fond dans le fait qu'il ne se souvient simplement pas de ces douleurs, que la totalité [*Komplex*] de conscience est suspendue, alors cela suffit d'une certaine manière pour faire en sorte que le patient se soumette tranquillement à l'opération, car c'est quasiment quelqu'un d'autre qui subit ces douleurs. » *Le laboratoire, op. cit.*, p. 31.

se définit toujours au fond « par ce qui a été là avant »[48]. L'expérience telle que pensée dans la déduction transcendantale, comme celle pensée par la psychanalyse et qui signe l'abolition de la spontanéité ne peuvent appréhender le nouveau. Le nouveau est pour Adorno lié à l'ancien mais de façon médiatisée : « on peut du moins dire en tout état de cause que le nouveau ne consiste pas dans les éléments mais dans leur configuration »[49]. La pensée est « capable de créer, à partir d'éléments finis, une configuration infinie »[50], c'est le rôle de l'imagination (non au sens de l'imagination productrice kantienne [*Einbildungskraft*] qui reçoit ses règles de l'entendement, mais au sens de la *Phantasie* qui présente des images involontaires). Le nouveau, précise Adorno, peut être compris comme une réponse à certaines questions ; la reconfiguration des éléments lève en quelque sorte le symptôme[51]. Cette possibilité du nouveau, exclue par une certaine lecture de l'idéalisme transcendantal et de la psychanalyse, n'est pas quelque chose qui « tombe du ciel ». Le nouveau n'est pas déterminable, il n'émerge que négativement de la critique de l'ancien. C'est ce qui fait dire à Adorno que « le concept de théorie critique est l'organon du nouveau »[52]. Il faut prendre organon au sens de la logique profondément redéfinie qui permet de l'appréhender : une logique dialectique qui ne soit pas celle, identifiante, de la subsomption. C'est en dernière instance l'histoire, « la question de la révolution » qui décide de ce qui est nouveau[53].

Spontanéité, individu et morale

Venons-en à présent au plan pratique : l'individu se trouve dépossédé de lui-même par la mise au jour, par la psychanalyse, d'un inconscient dynamique. Pour l'analyser et en tirer les conséquences quant à la catégorie d'individu, Adorno s'appuie sur le double sens de la spontanéité. Dans l'idéalisme, elle est une expression centrale de la liberté au sens de la capacité à inaugurer quelque chose sans être soi-même déterminé par des conditions préalables[54]. Adorno montre que le second sens, qui opère la genèse ou la mise en mouvement, opposé au sens idéaliste, est éliminé dans la spontanéité transcendantale, voire refoulé, mais survit en elle :

> D'un côté, [la spontanéité] relève de l'activité de la conscience : pensée ; d'un autre côté, inconsciemment et involontairement, elle est le battement de cœur de la *res cogitans* au-delà de cette activité. La conscience pure – "la logique" – est elle-même une réalité acquise et une valeur qui a englouti sa propre genèse[55].

Selon Adorno, la spontanéité renvoie à une impulsion archaïque, un phénomène inconscient, involontaire, de l'ordre de la nature. L'idée est que

48. *Ibid.*, p. 25.
49. *Ibid.*, p. 46.
50. *Ibid.*, p. 46.
51. T. W. Adorno, *L'actualité de la philosophie et autres essais*, Paris, Éditions Rue d'Ulm, 2008.
52. *Ibid.*, p. 46.
53. *Ibid.*, p. 46.
54. Voir la thèse d'habilitation de 1927 ainsi que la quatrième leçon sur le transcendantal du 28 juillet 1959, T. W. Adorno, *Kants « Kritik der reinen Vernunft »* (1959), Frankfurt/Main, Suhrkamp, 1995.
55. *Dialectique négative*, p. 278.

la spontanéité transcendantale, acte suprême de liberté, opère sur un mode automatique selon un fonctionnement « naturel », de façon involontaire et sans conscience. De même, sur le plan pratique, la constitution d'un moi autonome suppose de s'opposer à la spontanéité des pulsions : la liberté, l'unité et la conscience du moi s'établissent sur le refoulement des pulsions que le moi doit maîtriser, détruire, pour prouver sa liberté. Une forte hétéronomie sous-tend l'autonomie.

Pour montrer que derrière la spontanéité transcendantale, il y a un sens quasi opposé de spontanéité, Adorno en appelle à une conceptualité freudienne. À partir de son diagnostic selon lequel la séparation entre transcendantal et empirique conduit à un appauvrissement réciproque de la philosophie et des sciences humaines[56], il recourt à la psychanalyse pour fournir ce point de vue génétique qui manque précisément à la philosophie[57]. Déjà dans des discussions avec Adorno, Horkheimer enjoignait à « saisir le concept d'individu de manière génétique » : ne pas procéder de l'extérieur, en établissant un rapport entre l'individu et le tout, mais « essay[er] d'appréhender le Tout dans l'origine de l'individu lui-même »[58]. Il entendait esquisser une « philosophie de l'histoire de l'angoisse », la genèse de l'individu dans l'angoisse de la prise de distance avec le tout.

Pour Adorno, l'impulsion pré-égoïque « dans laquelle le dualisme de l'extra et de l'intramental n'était pas entièrement fixé »[59] est ce qui opère le passage à la pratique. Si, lisant Kant, on ne considère que la volonté, réduite à la raison, on ne peut penser le passage à la décision et à l'acte moral, donc à la pratique. Il faut mettre au jour – et c'est le rôle d'une conceptualité psychanalytique – l'élément naturel refoulé par le transcendantal. L'impulsion, éliminée par l'abstraction qui conduit à réduire la volonté à la raison pratique, est ce qu'Adorno analyse comme étant le supplément (*Hinzutretende*) dans la *Dialectique négative*[60]. Il réintroduit ainsi un moment de nature qui était éliminé. Le supplément évoqué est à la fois une sorte de trace de la nature, et l'ouverture d'un possible : « Ce supplément surgit entre les pôles de ce qui a existé autrefois, de ce qui est presque devenu méconnaissable, et de ce qui un jour pourrait être ». L'impulsion « pousse au-delà de la sphère de la conscience », même si elle lui appartient aussi, et permet à la liberté de « pénétrer jusque dans l'expérience ; cela vivifie son concept de liberté, entendu comme celui d'un état qui ne serait ni nature aveugle ni nature opprimée »[61]. C'est paradoxalement en cherchant génétiquement l'impulsion qui sous-tend la morale que l'on peut mettre au jour la dialectique de la spontanéité, et par

---

56. « Avec l'appauvrissement de la force spéculative et le développement corrélatif des différentes sciences, l'antagonisme s'est aiguisé jusqu'à l'extrême. [...] Plus les sciences confisquèrent le contenu de la philosophie – par exemple *la psychologie de la genèse du caractère*, sur laquelle Kant lui-même fait encore de folles conjectures –, plus les philosophèmes sur la liberté de la volonté tournent misérablement en simples déclamations. » (*Dialectique négative, op. cit.*, p. 259, nous soulignons).

57. « Ce que Kant a transformé en *a priori*, en lui conférant une majesté terrifiante, les analystes le rapportent à des conditions psychologiques ».

58. M. Horkheimer, T. W. Adorno, *Le Laboratoire de* La dialectique de la raison, *op. cit.*, p. 34.

59. *Dialectique négative, op. cit.*, p. 276.

60. *Ibid.*, p. 274-279. Le supplément est « le nom donné à ce qui a été éliminé par cette abstraction » (*Ibid.*, p. 277).

61. *Ibid.*, p. 276-277.

conséquent la dialectique de la liberté. Le passage à la pratique requiert la raison, mais « la pratique a besoin d'un autre élément, qui ne s'épuise pas dans la conscience, quelque chose de corporel, lié à la raison [mais] qualitativement différent d'elle »[62]. Le supplément vient s'ajouter ou plutôt se surimposer, car les deux moments de la raison et du corps « ne sont pas du tout saisis séparément » : c'est l'analyse philosophique qui les sépare artificiellement.

La méthode de la « dialectique négative » est précisément matérialiste en ce qu'elle place en son cœur un moment somatique qui « survit dans la connaissance comme l'inquiétude qui la met en mouvement et se reproduit non apaisée dans sa progression »[63]. C'est le passage bien connu donnant sa place à la souffrance comme indice de la fausseté des conditions sociales : « Le moment corporel annonce à la connaissance que la souffrance ne doit pas être, que cela doit changer ». Ce qui est « spécifiquement matérialiste » converge donc avec « ce qui est critique, *avec une praxis socialement transformatrice* ». La souffrance, moment de passivité, est impulsion vers une connaissance et une praxis transformatrice. Par là, nous souhaitons mettre l'accent sur cette dimension qui rend possible une résistance subjective, un jeu avec les conditions sociales, un élément de spontanéité qui ne serait pas « retransformé en contemplation », se terminant « par l'apathie politique d'une bourgeoisie hautement politisée »[64].

Une catégorie critique : sur quelle base repenser l'individu?

L'individu est objet de la critique, avons-nous constaté, mais il demeure une notion critique. Aujourd'hui, selon Adorno, l'individu survit comme ce qui a pour fonction d'être sans fonction :

> L'individu se survit à lui-même. Mais c'est seulement dans son résidu, historiquement condamné, que l'on trouve encore quelque chose qui ne se sacrifie pas à la fausse identité. Sa fonction est d'être sans fonction; la fonction de l'esprit qui n'est pas d'accord avec l'universel et donc le supplée de façon impuissante. C'est seulement quand il est exempté de la pratique universelle que l'individu est capable de la pensée dont aurait besoin une pratique transformante[65].

Adorno entend préciser ici ce que peut l'individu sous les conditions de la fonctionnalisation généralisée en deçà de laquelle on ne peut revenir. La critique ne peut viser de laisser à l'individu le potentiel créatif de se déployer, ce serait faire fond sur une réserve individuelle préservée (l'individu qu'on

▨ 62. « Quand bien même le supplément se sublimerait de plus en plus au fur et à mesure des progrès de la conscience et quand, en outre, ce serait là la condition nécessaire pour que se forme le concept d'une volonté qui soit quelque chose de substantiel et de cohérent : si on liquidait complètement l'aspect moteur de la réaction, si la main ne tressaillait plus, il n'y aurait pas de volonté. » *Dialectique négative, op. cit.*, p. 277.
▨ 63. *Ibid.*, p. 247.
▨ 64. *Ibid.*, p. 286.
▨ 65. *Dialectique négative, op. cit.*, p. 416.

« arrose comme une fleur »[66]). Dans la mesure où on ne peut pas réaffirmer l'unité de ce qui est éclaté, ni retrouver une individualité intacte, il faut partir de cette expérience entamée, mutilée, endommagée, conditionnée en un sens au plus intime – telle est la méthode d'Adorno dans *Minima moralia* par exemple. Adorno et Horkheimer sont très sensibles aux phénomènes qui amoindrissent la perception des situations et la sensibilité au sens large. Dans ce cadre, on ne peut finalement espérer qu'une prise de conscience par les individus de la situation dans laquelle ils sont pris (« que les hommes prennent intimement conscience, sans se voiler la face, de la position à laquelle ils sont rivés – comme sous l'effet d'un sortilège – du fait de la contrainte exercée par les rapports existants »[67]). Pour éviter toute illusion quant à l'indépendance et l'autonomie de l'individu, c'est finalement du côté d'une conscience de l'impuissance qu'est pensable une maîtrise de soi. Il ne s'agit pas de se réunir autour d'une table ronde « pour découvrir en commun, en y mettant de la bonne volonté, ce qui doit arriver, afin que l'homme, l'intériorité, soit sauvé », mais on peut formuler l'exigence

que l'individu singulier impuissant demeure malgré tout maître de lui-même *à travers la conscience de sa propre impuissance*. Encore aujourd'hui, la conscience individuelle qui reconnaît le Tout dans lequel les individus sont embrigadés n'est pas seulement individuelle mais, dans la conséquence de la pensée, elle maintient fermement l'universel[68].

Il s'agit dès lors d'avoir conscience qu'un processus de rationalisation mine l'individualité. La critique conserve sa dimension de négativité, et c'est dans l'expérience de la rencontre avec ce qui ne va pas que s'élabore la conscience critique. On peut ne pas savoir « ce qu'est l'homme et ce qu'est la juste configuration des affaires humaines » mais on sait « ce que l'homme ne doit pas être et quelle configuration des affaires humaines est fausse[69]. » C'est dans cette conscience qu'Adorno ancre, en même temps que la possibilité de l'expérience, la résistance possible aux processus de dissolution de soi dans la fonctionnalisation.

L'usage qui est fait ici de la psychanalyse vient constituer une nouvelle couche par rapport aux précédents usages critiques : de même que c'est de l'intérieur du processus de fonctionnalisation que se pense une fonction de la résistance à la fonctionnalité, de même c'est pour un moi devenu en grande partie inconscient, écrit Adorno en appliquant à l'histoire la deuxième topique, qu'il faut rendre possible une prise de conscience. Or puisque dans une société irrationnelle, le « moi rationnel » n'est pas suffisant et ne peut remplir la fonction que lui a assignée cette société,

---

66. « Mais il serait naïf de s'attendre à ce que, par là, l'individu puisse être sauvé ou remis sur pieds. La base sociale nécessaire à son déploiement s'est ratatinée et, sur cette base, des améliorations de façade n'ont aucun pouvoir » (« Individu et organisation », art. cit., p. 174).
67. *Ibid.*, p. 174.
68. *Ibid.*, p. 176, nous soulignons.
69. « Et c'est uniquement à l'intérieur de ce savoir déterminé et concret que l'autre, le positif, s'ouvre à nous », « Individu et organisation », art. cit., p. 176.

Il doit lui-même devenir inconscient, devenir une pièce de la dynamique pulsionnelle, au-dessus de laquelle en revanche il est pourtant censé s'élever[70].

Cela conduit à une sorte de double-bind, de contradiction entre conservation de soi et connaissance : on en demande « toujours trop »[71] au moi.

Dans leurs discussions, Adorno et Horkheimer s'engageaient à « comprendre de manière dialectique la question de savoir si l'on peut récuser la psychologie »[72]. La psychologie a toujours partie liée avec la réification, lorsqu'elle devient « la forme périssable de la conscience que l'homme a de lui-même dans la phase capitaliste »[73] et que la cure analytique risque de conforter artificiellement les hommes « dans le délire selon lequel ils sont des sujets, là où ils savent très bien en leur for intérieur qu'ils ne peuvent pas ne pas se plier à ces rapports »[74]. Or un autre usage de la psychologie est possible. Les outils de la psychanalyse doivent permettre justement d'éviter cette fausse conscience, cela peut même conduire à redéfinir la cure :

> Si la psychologie thérapeutique était ce qu'elle devrait être, elle appliquerait tous ses efforts à découvrir les moments de la vie intellectuelle et sociale à travers lesquels le pouvoir (sous la figure du père ou du souverain politique) a rendu l'homme incapable de s'adonner aux choses afin de le livrer d'autant plus sûrement à elles. En revêtant cette fonction, la psychologie deviendrait de nouveau un instrument de la philosophie[75].

C'est pourquoi, malgré la critique du positivisme, qui a touché ici aussi bien la philosophie transcendantale que la psychanalyse, il ne faut pas jeter la catégorie d'individu avec l'eau du bain positiviste.

Une autre spontanéité

Adorno tente donc d'opérer une redéfinition de la spontanéité, qui correspondrait à la méthodologie du primat de l'objet reposant sur une critique du subjectivisme présent dans l'idéalisme. Il convient de convertir son regard du sujet à l'objet : ne pas donner subjectivement un sens mais « laisser les choses s'expliciter elles-mêmes », « suivre le mouvement des concepts »[76]. Adorno suggère de façon énigmatique que « la spontanéité consiste dans l'extinction de la subjectivité »[77] et renvoie à la passivité. La référence à l'extinction de la subjectivité peut aussi bien être un constat qu'une exigence, celle de se tourner vers l'objet. On peut l'entendre comme un diagnostic, celui de la fin de l'individu, et comme une interprétation renouvelée : la spontanéité ne peut dès lors provenir que d'un autre rapport

70. T. W. Adorno, « À propos du rapport entre sociologie et psychologie », *Société : intégration, désinté-gration*, p. 346.
71. *Ibid.*, p. 346.
72. *Le laboratoire*, *op. cit.*, p. 30.
73. *Ibid.*
74. « Individu et organisation », art. cit., p. 174.
75. « Notes new-yorkaises », *Le laboratoire de* La dialectique de la raison, *op. cit.*, p. 211.
76. Voir la « Discussion sur le langage et la connaissance, la domination de la nature en l'homme, les aspects politiques du marxisme », *Le laboratoire de* La dialectique de la raison, *op. cit.*, p. 114.
77. *Ibid.*, p. 115.

à l'objet, si elle veut être autre chose que l'automatique mise en forme du réel chez Kant sur le plan de la théorie de la connaissance, et que l'automatisme d'une conduite stéréotypée, sur le plan de la pratique.

Mais y a-t-il encore un individu, une spontanéité de l'esprit sans complexe d'Œdipe ? Pour terminer d'esquisser la réponse adornienne aux étranges questions posées par la discussion avec Horkheimer, il faut repenser l'expérience à l'aune de cette théorie non identique : comment comprendre « que je suis censé avoir de la spontanéité alors qu'il y a, à l'extérieur, de la détermination. J'ai besoin de toute ma spontanéité pour "ne rien faire", mais voir ce qui est réellement »[78]. La subjectivité redéfinie ici n'est agissante qu'à partir d'un moment de passivité. Son action suppose une certaine réceptivité. Ce rapport entre détermination et spontanéité, entre *bestimmen* et *sich bestimmen lassen*, conduit à penser ce que Martin Seel appelle une « passivité active ». Ce "ne rien faire" fait penser à celui du fragment « Sur l'eau » des *Minima moralia*, critique de l'activisme vide qui a affecté la jouissance elle-même : « Rien faire comme une bête[79], se laisser aller au fil de l'eau et regarder tranquillement le ciel, "être, rien de plus, sans autre détermination ni désir d'accomplissement", voilà qui pourrait remplacer l'action, l'accomplissement et remplir effectivement la promesse de la logique dialectique : la réactivation de ses propres origines »[80]. Il faudrait se laisser aller au fil de l'eau pour déployer une spontanéité dans son sens véritable.

Conclusion

> Il incombe à la théorie critique de défaire [*auflösen*] l'une et l'autre thèses : celle de l'homme remplaçable qui n'est déterminé qu'en tant qu'appendice de sa fonction tout autant que celle de l'individu singulier privatif[81].

Adorno cherche à éviter toute hypostase de l'individu comme de la société. On doit donc repenser l'individualité depuis la fonctionnalisation – mais sans postuler un îlot qui serait préservé d'elle, tel le « monde vécu ». La difficulté est de penser l'individualité en un sens matérialiste et dialectique : une individualité qui ne s'oppose pas abstraitement à la société et qui ne se dissout pas en elle. Ainsi le problème de l'individu et l'héritage de l'idéalisme est-il d'éviter la dissolution du moi – devenu inconscient – dans le tout indistinct. Dans l'investigation de ce qui s'est révélé être un inconscient social, la psychanalyse, maniée dans une perspective critique opposée à son usage « technique » adaptateur, permet d'interroger la genèse de l'individu et la possibilité de l'expérience dans le contexte de la

---

■ 78. *Ibid.*, p. 115.
■ 79. En français dans le texte.
■ 80. « Être, rien de plus, sans autre détermination ni désir d'accomplissement » est une citation de la *Science de la logique* de Hegel, et se réfère à une immédiateté qui n'est pas abstraite : il ne s'agit pas de revenir de façon non dialectique à une existence naturelle, mais d'atteindre une immédiateté concrète seconde, moment de la médiation de la première. Dans les termes de Rahel Jaeggi, Adorno déploie ici « une objection et une alternative utopique dirigée contre l'idéal activiste du faire » : il s'y trouve « l'idée de "pouvoir laisser les choses être" opposée à celle de l'accomplissement actif de toutes les possibilités humaines ». Jaeggi comprend « ce "laisser être" avant tout comme un "laisser ouvert" ». *Cf.* R. Jaeggi, « Une critique des formes de vie est-elle possible ? », *Actuel Marx*, 2005/2.
■ 81. *Le laboratoire, op. cit.*, p. 16.

dissolution de l'individu. Peut-on aller jusqu'à soutenir que tout était déjà contenu dans *l'Habilitationsschrift* d'Adorno en 1927, où la psychanalyse était un discours permettant, par la connaissance de l'inconscient qui pourrait être celle des malades eux-mêmes, une transformation dont la limite était celle de la réalité sociale [82] ? C'est bien une articulation entre réalité sociale et réalité psychique que la conjonction de Kant et de Freud au sein de la théorie critique de la société permet à chaque fois de constuire.

Katia Genel
Maîtresse de conférences en philosophie
Université Paris 1 Panthéon Sorbonne

[82]. Ce sont finalement les rapports économiques qui déterminent la conscience, telle est la conclusion qu'Adorno tire avec Freud : l'expérience dépend fondamentalement de conditions sociales qui constituent la limite de la psychanalyse.

DOSSIER

T. W. ADORNO

PEUT-ON MENER UNE VIE JUSTE DANS UN MONDE QUI NE L'EST PAS ?
Notes sur Adorno et la morale

Christophe David

Cet article n'a pas d'autre prétention que de proposer une description du corpus des textes qu'Adorno a consacrés à la philosophie morale et d'accompagner celle-ci de quelques remarques sur le rapport d'Adorno à la philosophie morale. Il envisage aussi bien le rapport d'Adorno à la philosophie antique, Kant, Hegel ou Nietzsche que les moments où celui-ci jette les bases d'une philosophie de la liberté, de la praxis, de la résistance ou bien réfléchit sur le rapport entre l'art et la morale.

« Il n'y a aucune liberté dans la [...] dépendance universelle où nous sommes pris ; et, du coup, il n'y a pas non plus d'éthique dans le monde administré ; c'est pourquoi la critique du monde administré est la présupposition de l'éthique »[1].

« Si la morale a encore un sens aujourd'hui, celui-ci rejoint la question de l'aménagement du monde [die Frage nach der Einrichtung der Welt]. On pourrait dire que la question de la vie juste [die Frage nach dem richtigen Leben] serait celle de la politique juste [nach der richtigen Politik] si, de nos jours, une telle politique appartenait encore au domaine du réalisable »[2].

---

1. Adorno, *Probleme der Moralphilosophie*, Francfort-sur-le-Main, Suhrkamp, 1997, p. 261. – Les références aux œuvres d'Adorno les plus citées sont données selon les abréviations suivantes : DN : *Dialectique négative*, Paris, Payot, 1978 ; DR : *Dialectique de la Raison*, Paris, Gallimard, 1974 ; K : *Kierkegaard. Construction de l'esthétique*, Paris, Payot, 1995 ; MC : *Modèles critiques*, Paris, Payot, 2003 ; MM : *Minima moralia*, Paris, Payot, 1991 ; PM : *Probleme der Moralphilosophie*, Francfort-sur-le-Main, Suhrkamp, 1997 ; TE : *Théorie esthétique*, Paris, Klincksieck, 1988 ; TEH : *Trois études sur Hegel*, Paris, Payot, 2003. Nous citons le cours inédit de 1956-1957 d'après les nombreuses citations que Gerhard Schweppenhäuser met généreusement à la disposition des lecteurs de son excellent essai *Ethik nach Auschwitz* (Wiesbaden, Springer, 2016) : ces citations sont suivies d'une parenthèse dans laquelle figure la date du cours. – Si je présente ce texte comme des notes, c'est parce que les réflexions qu'il contient ont été consignées au fil de la lecture du livre de Gerhard Schweppenhäuser mentionné ci-dessus.

2. PM, p. 262.

Le titre *Minima Moralia* résonne comme une réponse chuchotée à *Magna Moralia*, titre qui a désigné divers écrits d'Aristote (selon Schleiermacher ou Hans von Arnim) ou d'un aristotélicien (selon la plupart des commentateurs) et affirme avec assurance – et à juste titre – la grandeur de l'éthique aristotélicienne. Une réponse chuchotée, certes, mais ce qu'on chuchote là, c'est qu'après Auschwitz, non seulement il y aura encore de la poésie (comme finira par le dire *Dialectique négative*), mais il y aura encore aussi de la morale. Pas aristotélicienne – « On ne peut pas se contenter aujourd'hui d'interpréter l'*Éthique à Nicomaque* », disait Günther Anders –, mais il y aura de la morale. Ce qui ouvre l'époque et fait époque, c'est Auschwitz et Hiroshima : notre problème est-il encore seulement de faire usage de notre prudence pour trouver et choisir le juste milieu ? En partie sans doute, mais seulement en partie.

Dans la postface à l'édition posthume de *Théorie esthétique*, Rolf Tiedemann essayait de situer ce tapuscrit par rapport aux autres projets tardifs d'Adorno :

> [*Théorie esthétique*] conçue dans sa globalité demeura [...] à l'état d'ébauche, "constituant" [...] – à côté de *Dialectique négative* et d'un ouvrage de philosophie morale en projet – ce "[qu'il avait à] jeter dans la balance"[3].

S'il y avait bien un ouvrage de philosophie morale en projet, il n'y a pas de tapuscrit, seulement des notes ainsi que les cours du semestre d'hiver 1956-1957 et du semestre d'été 1963[4]. Adorno n'a pas mené ce projet aussi loin que *Dialectique négative* (publié) ou *Théorie esthétique* (publiable). D'autres figures de la première théorie critique – théorie traversée de morale bien que néomarxienne[5] – ont écrit sur la morale du point de vue de l'histoire des idées[6] mais Adorno est peut-être, parmi eux, celui qui a le plus explicitement décollé la morale de la politique pour la thématiser en tant que telle.

Il a fallu du temps à cette question présente mais peu visible dans le corpus adornien pour émerger. En 1980, dans son discours de remerciement pour le Prix Adorno, Habermas – penseur appartenant à la deuxième théorie critique, traversée elle aussi, comme la première, de morale, mais d'une autre morale (l'éthique de la discussion) impliquant une autre politique (une politique néo-arendtienne visant à dissoudre discursivement la domination

---

3. TE, p. 501.

4. Des notes comme « Graeculus (II). Notizen zu Philosophie und Gesellschaft 1943-1969 » ont été publiées par Rolf Tiedemann in *Frankfurter Adorno Blätter*, n°VIII, 2003, p. 9-41. Elles traitent de problèmes liés à la question de la vie fausse du point de vue subjectif-personnel et peuvent être lues soit comme une suite à *Minima Moralia* soit comme des considérations écrites dans le style des moralistes français des XVIIe et XVIIIe siècles. Le premier cours (1957) – manuscrit sténographié, inédit en allemand – est intéressant à cause des interprétations des éthiques antiques qu'il contient ; le second, *Probleme der Moralphilosophie* (1963) – cours enregistré, retranscrit, publié en Allemagne et en cours de traduction française –, contient une interprétation dialectique de la philosophie pratique de Kant et servira de base au chapitre sur Kant de *Dialectique négative* (DN, p. 205 *sq.*). Les deux cours ont été annotés par Adorno.

5. Ce « bien que » n'aura de sens que pour ceux qui lisent Marx comme un penseur développant une critique exclusivement politique de l'économie politique. On peut aussi se fonder sur le « manuscrit de 1843 », où il parle de « l'impératif catégorique qui commande de renverser toutes les conditions sociales où l'homme est un être abaissé, asservi, abandonné, méprisé » (*Contribution à la critique de la « philosophie du droit » de Hegel*, in Marx, *Œuvres philosophiques*, volume I, Paris, Champ Libre, 1981, p. 65), pour le lire comme un penseur de développant une critique également morale de l'économie politique.

6. Voir M. Horkheimer, « Materialismus und Moral », *Zeitschrift für Sozialforschung*, Jahrgang 2/1933 et Marcuse, « Zur Kritik des Hedonismus », *Zeitschrift für Sozialforschung*, Jahrgang 7/1938.

dans l'espace public communicationnel) – affirmait que, chez Adorno, la morale « [n'était] plus capable de fondation » [*einer Begründung nicht mehr fähig*] [7] ; en 1990, Ulrich Steinvorth pouvait écrire, lui, qu'« à la différence des actuels représentants de la théorie critique, Adorno était un éthicien classique » [8] – c'est-à-dire un philosophe cherchant à fonder une éthique. La question de l'éthique et celle de la fondation qui l'accompagne sont-elles bien celles qu'il faut se poser ici ? Adorno lui-même distingue bien « morale » et « éthique » et j'ai pour ma part l'impression que, quel que soit le sujet qu'il aborde, Adorno parle toujours d'un point de vue moral parce que, pour lui, la recherche de la vérité philosophie est une activité de part en part morale.

Le besoin de faire s'exprimer la souffrance est condition de toute vérité [9].

C'est à ceux qui, dans leur formation spirituelle, ont eu la chance imméritée de ne pas se conformer complètement aux normes en vigueur [...] qu'il appartient, par un effort moral, pour ainsi dire par procuration, d'exprimer ce que la plupart de ceux pour qui ils le disent ne sont pas capables de voir ou bien, par respect de la réalité, s'interdisent de voir [10].

L'autocritique de la raison est sa plus authentique morale [11].

De telles déclarations contribuent à dessiner l'idée que la philosophie d'Adorno – qui n'est pas plus la théorie critique que la théorie critique n'est la philosophie d'Adorno – serait de part en part une philosophie morale ou, mieux, une philosophie qu'oriente une morale de la philosophie. La philosophie morale d'Adorno, nous l'avons sous les yeux : c'est l'ensemble de son œuvre philosophique, qu'elle traite de questions explicitement morales ou d'autres questions.

Dans le cours de 1956-1957, Adorno s'explique avec Socrate, Platon et Aristote ; dans celui de 1963, il s'explique avec la doctrine kantienne de la liberté. Il ne s'agit pas de faire de l'histoire de la philosophie mais, comme les *Trümmerfrauen* de l'après-guerre, de voir ce qu'on peut « sauver » des décombres de cette partie de la culture qu'est la philosophie morale. Deux autres interlocuteurs dans cette affaire sont Hegel et Nietzsche – nous y reviendrons.

7. J. Habermas, « La modernité : un projet inachevé », *Critique* n°413, octobre 1981, p. 951. – La discussion sur la question de la fondation de l'éthique de la discussion a opposé J. Habermas (pour qui une justification hypothétique du principe universalisation suffit) et K.-O. Apel (qui a besoin d'une fondation ultime du même principe). On trouvera les doutes d'Apel sur le fait qu'une justification hypothétique suffise dans *Discussion et responsabilité* (vo. I, Paris, Cerf, 1996, note, p. 103 *sq.*) et ceux de Habermas sur ce que fonderait un fondement ultime (« Les intuitions morales quotidiennes n'ont nul besoin des lumières des philosophes ») dans « Notes pour fonder une éthique de la discussion », dans *Morale et communication*, Paris, Cerf, 1986, p. 118 *sq.*
8. Le débat autour d'Adorno et la morale est parfaitement documenté dans G. Schweppenhäuser, *Ethik nach Auschwitz, op. cit.*, p. 1-21. Cette étude est ce qu'on peut lire de plus complet sur la question.
9. DN, p. 22.
10. *Ibid.*, p. 49.
11. MM, p. 120.

L'articulation morale-éthique-politique dans l'Antiquité grecque et la définition aristotélicienne de la vie bonne

Une des raisons pour lesquelles *Dialektik der Aufklärung* a énervé et continue à énerver pas mal de monde, c'est ce geste qui consiste à projeter jusque dans l'Antiquité les concepts de société civile bourgeoise [*burgerliche Gesellschaft*] et de Lumières [*Aufklärung*]. C'est épistémologiquement sauvage mais c'est cela qui donne une grande partie de son potentiel et de sa puissance critiques au livre. Cela suppose de postuler qu'un « noyau » urbain, une société d'échanges urbaine [*eine [...] städtische Tauschgesellschaft*], est déjà présent chez Homère (24 février 1957). Ulysse devient le « prototype de l'individu bourgeois »[12], rapidement suivi par Socrate, le « fondateur de la philosophie morale, de l'éthique » (11 décembre 1956). Dans le sillage du Hegel des *Leçons sur l'histoire de la philosophie*, Adorno, dans son cours du semestre d'hiver 1956-1957, présente Socrate comme celui qui formule l'exigence pour l'individu de penser par soi-même et de se tourner vers la sphère privée pour écouter son *daimon* qui est « l'instance de la raison ». Ce faisant, Socrate engage la réflexion morale dans la voie de l'intellectualisme. Si le *daimon* reste « dans un rapport non critique de conformité avec les normes populaires » (11 décembre 1956), le simple geste de se tourner vers la sphère privée a pour effet de dévaloriser les mœurs (la fameuse *Sittlichkeit*) et d'obliger à fonder l'éthique. La distinction entre morale et éthique naît avec Socrate. À l'écoute du *daimon* succède, chez Platon la contemplation de l'Idée du Bien et le clivage de la conscience humaine déchirée, face au bonheur, entre « la satisfaction du désir, [et] sa négation, l'ascèse, la discipline abstraite » (cours du 20 décembre 1956). La distinction entre morale eudémoniste et morale ascétique naît avec Platon. Platon, c'est aussi le moment où l'État, « le concept de l'institution », prend la place de « la croyance en l'immédiateté de la raison » (10 janvier 1957). Il s'agit de réconcilier le pouvoir et la raison. C'est le sens de cette drôle de proposition des philosophes-rois ou des rois-philosophes. Puis vient Aristote dont le rôle, dans ce scénario, est d'achever de médiatiser éthique et politique.

> Aristote voit [...] que l'existence individuelle [...] avec ses normes et son bonheur [...] est liée à la juste constitution du tout. Avec ce constat, il a pour le première fois dépassé le domaine de l'éthique seulement privée (10 janvier 1957).

« La politique aristotélicienne est plus humaine que l'État platonicien »[13] : Aristote ne cherche plus à définir l'État idéal mais formule un « idéal politique », « un ordre des choses, dans lequel vertu civique [...] et vertu humaine coïncident » (17 janvier 1957).

L'homme étant un animal politique, il atteint la vie bonne dans l'État. Cette petite histoire de la morale, de l'éthique et de la politique telle que l'Antiquité grecque les a articulées permet à Adorno de dessiner le cadre dans lequel s'inscrit toute morale.

■ 12. DR, p. 61.
■ 13. MC, p. 329.

Éléments pour une philosophie de la praxis

Selon Aristote c'est à travers la praxis que l'homme en tant qu'animal politique vise la vie bonne. La *praxis* est un concept qui circule d'Aristote à Arendt (et au-delà) en passant par Hegel et Marx. Qu'en est-il de la *praxis* chez Adorno ? Comme Marx, il la pense à partir de l'activité par laquelle les hommes transforment la nature, une activité qui est « née du travail », ce qui la « grève lourdement » du fait qu'elle reste « accompagnée [du] moment de non-liberté qui l'a entraînée, [du] fait qu'on ait dû lutter contre le principe de plaisir pour assurer la conservation de soi »[14]. Le but d'une *praxis* juste serait sa propre suppression[15]. Une suppression théoriquement consciente car « une véritable pratique – l'ensemble des actes qui satisferaient à l'idée de liberté – nécessite une entière conscience théorique »[16].

Une pratique sans théorie – ce que revendique le parlementaire tendu dessiné par Gustave Doré, à la page 37 de *Versailles et Paris en 1871*[17] qui se tient droit, la mâchoire serrée les mains à plat sur le pupitre avant de déclarer tout de go : « Messieurs, je suis avant tout un homme pratique ! » – est unilatérale et limitée. Adorno renvoie dos-à-dos ce Monsieur Prudhomme et les militants de l'opposition extra-parlementaire (*Außerparlamentarische Opposition* [APO]) allemande de la fin des années 1960 qu'il présente comme des activistes régressifs qui « ne cessent de dénoncer à cor et à cri l'"excès d'abstraction", revendiquent le concret, une immédiateté à laquelle les moyens théoriques existants sont pourtant supérieurs »[18]. Pour Adorno, la théorie est une source d'énergie pour la pratique.

> La théorie, c'est ce qui n'est pas borné. En dépit de toute la liberté qui lui manque, elle est, dans la non-liberté, le garant de la liberté[19].

> Il conviendrait de constituer une conscience de la théorie et de la praxis qui, d'une part, ne sépare pas les deux [...] et, d'autre part, ne briserait pas la théorie à l'aide du primat pré-bourgeois de la raison pratique [...] Le penser est un faire ; la théorie est une forme de pratique[20].

La seule pratique adéquate, selon Adorno, serait de tout mettre en œuvre pour « sortir de la barbarie », c'est-à-dire de sortir de « l'œil pour œil dent pour dent de la violence » et de ne pas « lutter contre la barbarie avec des moyens barbares »[21].

14. MC, p. 322 *sq.*
15. *Ibid.*, p. 329.
16. DN, p. 222.
17. *Versailles et Paris en 1871*, d'après les dessins originaux de Gustave Doré, préface de Gabriel Hanotaux, Paris, Librairie Plon, 1907. On ignore dans quelles circonstances Adorno a eu accès à ce livre – qui s'organise en trois parties « L'Assemblée nationale », « La Commune » et « La Magistrature » – et plus précisément au dessin de la page 37.
18. MC, p. 337.
19. *Ibid.*, p. 324.
20. *Ibid.*, p. 321.
21. *Ibid.*, p. 329 *sq.*

L'idée que « c'est bien de la praxis, parce que ça fait mal » [*Praxis ist's halt, wenn's weh tut*][22] est aberrante aux yeux d'Adorno. L'objectif d'une « *praxis socialement transformatrice* » n'est-il pas « la suppression de la souffrance ou son atténuation »[23] ? À côté de la théorie, l'art interagit également avec la pratique et peut lui-même devenir une pratique.

> Le comportement contemplatif envers les œuvres d'art, arraché aux objets de l'action, s'éprouve comme dénonciation d'une *praxis* immédiate et, dans cette mesure, comme quelque chose de soi-même pratique, comme refus d'entrer dans le jeu. Seules les œuvres que l'on peut interpréter comme des comportements ont leur raison d'être. L'art ne représente pas seulement une praxis meilleure que celle qui a dominé jusqu'à nos jours, mais il est aussi critique de la *praxis* en tant que domination de la conservation brutale de soi à l'intérieur du statu quo et, au nom de l'amour qu'il lui voue, il convainc la production pour elle-même de mensonge en optant pour un stade de la *praxis* situé au-delà de l'emprise du travail. Promesse de bonheur signifie plus que le fait que, jusqu'à présent, la *praxis* empêche le bonheur. Le bonheur serait au-delà de la *praxis*. La force de la négativité contenue dans l'œuvre d'art donne la mesure de l'abîme qui sépare la praxis du bonheur[24].

Adorno lecteur de Kant

C'est chez Kant que la philosophie morale bourgeoise fondée par Socrate devient consciente d'elle-même[25]. Adorno est régulièrement revenu vers la philosophie morale de Kant.

Adorno et Horkheimer ont entrepris de critiquer la philosophie morale de Kant dans la seconde digression de *Dialektik der Aufklärung*[26] en la resituant dans le mouvement général des « morales de l'*Aufklärung* [qui] témoignent de l'effort désespéré pour mettre à la place de la religion affaiblie un motif intellectuel de durer dans la société, lorsque l'intérêt vient à faire défaut »[27]. La tentative de Kant « c'est la tentative habituelle de la pensée bourgeoise de donner au respect, sans lequel la civilisation ne saurait exister, des fondements autres que l'intérêt matériel et la violence »[28]. Pour ce faire, il « a recours aux forces éthiques comme à un fait »[29] :

> face à la raison scientifique [, ce] sont des pulsions et des comportements non moins neutres que les forces immorales en lesquelles elles se transforment aussitôt si, au lieu de s'orienter vers cette possibilité secrète, elles tentent de se réconcilier avec la puissance. L'*Aufklärung* expulse la différence de la théorie. Elle considère les passions *"ac si quaestio de lineis, planis aut de corporibus esset"* [comme s'il était question de lignes, de plans ou de corps] [Spinoza, *Éthique*, partie III, préface]. L'ordre totalitaire a réalisé tout cela à la lettre[30].

22. PM, p. 20.
23. DN, p. 197.
24. TE, p. 27.
25. Sur Kant et Socrate, voir Kant, préface à la seconde édition de la *Critique de la raison pure*, in *Œuvres philosophiques*, t. I, Paris, Gallimard, 1980, p. 748.
26. DR, 92 *sq.*
27. *Ibid.*, p. 96.
28. *Ibid.*
29. *Ibid.*
30. *Ibid.*, p. 96 *sq.*

Et Adorno et Horkheimer d'expliquer que Sade est la vérité de Kant, les *120 journées de Sodome* la vérité de la *Critique de la raison pratique*[31]. Ils reviendront par la suite sur la philosophie morale de Kant : Horkheimer avec, par exemple, son article « Kants Philosophie und die Aufklärung »[32] et Adorno, grand lecteur de Kant depuis, initié dans sa jeunesse à la *Critique de la raison pure* par Kracauer, dans son cours du semestre d'été 1954 sur les problèmes de l'idéalisme, dans celui du semestre d'été 1955 sur la logique transcendantale de Kant, dans ceux de 1956-1957 et 1963 sur les problèmes de la philosophie morale et dans celui du semestre d'été 1959 sur la *Critique de la raison pure* ainsi que dans le premier des trois « modèles » de *Dialectique négative* : « Liberté. Pour une métacritique de la raison pratique ». Tous ces textes sont assez homogènes et, aussi intéressant cela puisse-t-il être, les lire dans une perspective génétique nous entraînerait dans une aventure qui excéderait les limites de ces notes. Résumons le propos à partir du premier modèle de *Dialectique négative*.

Adorno place la question de la liberté au cœur de sa lecture de Kant

Adorno place la question de la liberté au cœur de sa lecture de Kant et se concentre donc tout naturellement sur la troisième antinomie de la *Critique de la raison pure*. « En [y] exigeant du sujet qu'il pense de manière causale » – même si c'est « à l'aide d'une causalité sans cause » –, Kant fait de la liberté une « action selon la raison », une action « conforme à la loi »[33]. Ce qui arrête Adorno, c'est la rapidité du passage de la liberté à la loi chez Kant. En voulant « sauver » [*retten*[34]] la liberté, en voulant la « purifier [...] de tout ce qui lui porte atteinte »[35], Kant en fait un « résidu » : une chose en soi[36]. Le problème, c'est que, « malgré la solution de la troisième antinomie, la philosophie morale de Kant reste antinomique » : lorsque cette chose en soi se concrétise, elle prend tout de suite les « traits répressifs » de la loi[37]. Pour rendre la vie possible, Kant s'autorise « quelque complaisance pour le bonheur »[38], mais sa philosophie morale est essentiellement une philosophie de la loi, qu'il présente, « débarrassée de toute empiricité », comme un fait qui contraint réellement la conscience[39], comme une sorte de surmoi avant la lettre qui contraint réellement le moi[40]. Après la loi morale, Adorno relit aussi la doctrine des postulats :

31. En 1958-1959, dans le séminaire sur l'Éthique de la psychanalyse, puis en 1963, dans « Kant avec Sade » (*Écrits*, Paris, Le Seuil, 1966, p. 765-790), Lacan rapprochera lui aussi Sade de Kant. On trouvera un début de parallèle entre le geste d'Adorno et Horkheimer et celui de Lacan dans S. Zizek, « Kant avec (ou contre Sade) », *Savoirs et clinique*, n° 4/2004, p. 89 *sq.*

32. Voir Horkheimer, *Gesammelte Schriften*, Bd. 7, Francfort-sur-le-Main, Fischer, 1985, p. 168 *sq.*

33. DN, p. 240.

34. On trouve ce verbe « sauver » sous la plume de Kant. Voir Kant, *Critique de la raison pratique*, in *Œuvres philosophiques*, t. 2, Paris, Gallimard, 1985, p. 724.

35. DN, p. 247.

36. *Ibid.*, p. 244.

37. *Ibid.*, p. 247.

38. *Ibid.*, p. 248.

39. *Ibid.*, p. 261.

40. DN, p. 262.

Les postulats de la raison pratique qui transcendent le sujet – Dieu, la liberté, l'immortalité – impliquent une critique de l'impératif catégorique, critique qui relève de la raison pure subjective. Sans ces postulats, l'impératif ne saurait être pensé d'aucune façon, quelle que soit la véhémence avec laquelle Kant affirme le contraire : sans l'espoir, point de bien[41].

Les postulats, c'est le moment de l'espoir. Le moment de l'utopie, chez Kant, c'est du côté du projet de « paix perpétuelle » qu'Adorno le voit : « De toutes les notions abstraites, aucune ne se rapproche autant de l'utopie réalisée que celle de la paix perpétuelle »[42]. Adorno commente également la doctrine du caractère intelligible. Si, avec ce qui précède, on peut parler d'une traversée de l'œuvre kantienne au cours de laquelle Adorno prend ses marques, lorsqu'il aborde ce dernier point, il se fait critique. L'homme kantien appartient « à deux mondes », le « monde sensible » et le « monde intelligible »[43]. « La construction du caractère intelligible » sert à Kant à introduire une « médiation » entre « l'existence » et « la loi morale »[44]. Mais en construisant ce caractère qui « ne s'épuise pas dans la nature et [...] n'est pas non plus absolument transcendant », il n'apporte qu'une « précaire médiation » :

> les motivations, sans lesquelles une telle médiation ne serait pas possible ont une composante psychologique, alors que les motivations de la volonté humaine ne peuvent, selon Kant, « jamais être que la loi morale »[45].

« Savoir comment est possible une volonté libre » est une « question insoluble » pour la « raison humaine »[46].

> La spéculation de Kant s'arrête à l'endroit où elle devrait commencer et se résigne à n'être qu'une description de l'interdépendance des causes immanentes[47].

D'une antinomie l'autre. Ce que Kant renonce à aborder, c'est la question des motivations. Quand Adorno mentionne – implicitement ici, dans *Dialectique négative*, et explicitement dans le cours de 1963 sur les problèmes de la philosophie morale[48] – les motivations, c'est vers le Schopenhauer de l'*Essai sur le libre arbitre* (1838) qu'il se tourne. Kant, lui, nous laisse une « lacune éclatante », il nous laisse « le côté fuyant, abstrait du caractère intelligible »[49].

Vers une philosophie adornienne de la liberté

Avant de donner au premier des trois « modèles » de *Dialectique négative* le titre : « Liberté. Pour une métacritique de la raison pratique », Adorno l'avait intitulé : « *Determinismus. Paraphrasen zu Kant* ». Passer de la paraphrase à la critique, c'est, pour Adorno, plus que reprendre la

41. *Ibid.*, p. 266.
42. MM, p. 148.
43. Kant, *Critique de la raison pratique*, in *Œuvres philosophiques*, t. 2, *op. cit.*, p. 712.
44. DN, p. 276.
45. *Ibid.*, p. 277 *sq.*
46. Kant, *Critique de la raison pratique*, in *Œuvres philosophiques*, t. 2, *op. cit.*, p. 696.
47. DN, p. 278.
48. PM, p. 79.
49. DN, p. 287.

question là où Kant l'a laissée ; il reformule et accentue la dialectique de la liberté et « piège » cette dernière entre la contrainte naturelle (exercée par les pulsions[50]) et la rationalité sociale (dans laquelle elle se réalise). « La liberté ne peut se réaliser qu'à travers la contrainte civilisatrice et non comme retour à la nature », précise-t-il[51]. Le message que contenait cette bouteille à la mer qu'est *Dialektik der Aufklärung* est que la contrainte civilisatrice peut se renverser en un ordre totalitaire... La situation semble sans issue. Adorno explore alors une troisième voie, celle qui vise à libérer le contenu non répressif du concept de liberté. L'ombre de Schopenhauer plane sur ce projet qui, s'il passe, bien sûr, par une critique de la volonté, n'oublie pas que la liberté, c'est aussi la liberté politique :

> Peut-être que des hommes libres seraient aussi délivrés de la volonté ; mais il est certain que c'est seulement dans une société libre que les individus seraient libres[52].

L'ombre de Marx aussi, dès lors qu'il s'agit de savoir où l'on en est avec la liberté dans la société bourgeoise[53]. En quoi consisterait alors cette liberté ?

> D'après le modèle kantien, les sujets sont libres dans la mesure où, conscients d'eux-mêmes, ils sont identiques à eux-mêmes ; et dans cette identité, ils sont à nouveau non libres, en tant qu'il sont soumis à la contrainte de cette identité et la perpétuent. Ils sont non libres en tant qu'ils sont non identiques [...] et pourtant, en tant que tels, ils sont libres, parce que quand les émotions les dominent [...], ils se débarrassent également du caractère contraignant de l'identité. [...] L'aporie a pour fondement que, par-delà la contrainte de l'identité, la vérité n'est pas absolument l'autre de la contrainte, mais qu'elle est médiatisée par elle. À l'intérieur de la société socialisée, tous les individus sont inaptes à la moralité qui est socialement exigée mais ne pourrait effectivement exister que dans une société libérée. La seule morale sociale serait finalement d'en finir une bonne fois avec la mauvaise infinité et le maudit échange des valeurs équivalentes. Cependant, de la morale, il ne reste plus à l'individu que ce pour quoi la théorie kantienne de la morale, qui concède aux animaux l'inclination, mais non pas le respect, n'a que mépris : essayer de vivre de telle sorte que l'on puisse penser avoir été un bon animal[54].

Dernier point, pour Adorno, « la question de la morale a une composante historique au sens où elle dépend de la quantité de liberté qui est octroyée à l'homme » (15 novembre 1956). Pour Adorno, le « lieu de la morale » aujourd'hui, où la torture et les camps de concentration continuent à exister est une « contradiction » entre deux « extrêmes » : « l'émotion spontanée qui, impatientée par l'argumentation, ne veut pas supporter que l'horreur se perpétue » et « une conscience théorique que ne terrorise aucun commandement et qui perçoit ce pourquoi néanmoins l'horreur se perpétue à l'infini »[55]. D'où

50. Sur la question des pulsions, il y a tout une explication d'Adorno avec Nietzsche et la psychanalyse que nous ne pouvons pas exposer ici.
51. DN, p. 150.
52. *Ibid.*, p. 255.
53. Sur l'explication d'Adorno avec Marx sur ce point, voir G. Schweppenhäuser, *Ethik nach Auschwitz*, *op. cit.*, p. 140 *sq.*
54. DN, p. 287 *sq.*
55. *Ibid.*, p. 275.

l'idée que « c'en est fini, dans le monde où nous vivons, de la tentative de concilier l'exigence individuelle avec l'exigence d'une juste constitution du tout [*mit dem Anspruch auf eine richtige Verfassung des Ganzes*] » (6 décembre 1956). *Incipit tragoedia.*

Moralité et politique selon Hegel

C'est à cette situation tragique que l'on doit la lecture de la philosophie hégélienne de l'État que contient la première des *Trois études sur Hegel*. Adorno y crédite l'auteur de la *Phénoménologie de l'Esprit* d'être « le premier » à avoir compris que « l'acte purement moral dans et par lequel l'individu s'imagine être totalement à soi et se donner à soi-même sa propre loi est un acte équivoque par lequel il se ment à lui-même »[56]. La « pure conscience morale » tourne à l'« hypocrisie »[57]. Chez Hegel « transparait déjà l'idée que ce qui est moral ne va nullement de soi, que la conscience n'est pas la garante de l'action juste […]. Il poursuit une tendance fondamentale de l'*Aufklärung* radicale. Il n'oppose pas à l'existence empirique le Bien, dont il ferait un principe abstrait, une Idée se suffisant à elle-même, mais il lie celui-ci à partir de son contenu propre à l'édification d'une totalité juste, précisément à ce qui apparaît sous le nom d'humanité dans la *Critique de la raison pratique* »[58].

Et surtout à ce qui apparaît sous le nom d'État dans les *Principes de la philosophie du droit*, a-t-on envie d'ajouter. Adorno, qui faisait remarquer dans *Minima moralia* que Hegel « ne cesse de traiter l'individuel […] avec désinvolture »[59], justifie ici son « culte de l'État »[60] et le présente comme un « coup de force nécessaire »[61] pour « maintenir en vie » la société civile[62]. La politique cherche à relayer la morale dans cette tache mais le concept de morale disparaît alors

> Ce qu'Adorno reproche à Nietzsche, c'est d'avoir opéré une « négation abstraite »

dans le concept du politique : « En étendant au politique la notion de morale, Hegel la dissout. Depuis lors, il n'est plus de réflexion non politique sur la praxis qui soit pertinente »[63]. Ne resterait-il donc plus qu'à acter l'idée que la *praxis* est désormais l'affaire de la seule politique ? Non, car il ne faudrait pas se leurrer et ne pas voir qu'en étendant au politique la notion de *praxis*, on introduit en même temps la répression de l'individu par l'universel. Une humanité qui n'existe pas sans individuation est réfutée virtuellement quand on la liquide avec autant de désinvolture. Mais si l'action de l'individu, et du même coup de tous les individus, est présentée comme méprisable, l'action

56. TEH, p. 56.
57. *Ibid.*, p. 57.
58. *Ibid.*, p. 57.
59. *Ibid.*, p. 11.
60. *Ibid.*, p. 37.
61. *Ibid.*, p. 38.
62. *Ibid.*, p. 37.
63. MC, p. 325.

collective s'en trouve paralysée. Au regard de la toute puissance effective des conditions objectives, la spontanéité apparaît d'emblée comme un néant[64].

Chaque philosophie moderne de la liberté prend en charge les contradictions dans lesquelles elle est prise et prend place dans l'horizon d'une gigantomachie qui oppose Kant et Hegel :

> La morale de Kant et la philosophie du droit de Hegel représentent deux étapes dialectiques de la conscience que la bourgeoisie se fait de sa praxis. Les deux – scindées selon les pôles du particulier et de l'universel qui déchirent cette conscience – sont également fausses ; elles ne se justifient l'une et l'autre qu'aussi longtemps que la réalité ne révèle pas une forme possible et supérieure de *praxis* – ce qui requiert une réflexion théorique[65].

Portrait de la conscience bourgeoise de la *praxis* en conscience malheureuse. Il est définitivement impossible de continuer à croire qu'on peut réaliser l'idéal aristotélicien de la vie juste…

La négation abstraite de la morale opérée par Nietzsche

C'est Horkheimer qui est l'auteur de la seconde digression de *Dialektik der Aufklärung*, où il est question de Nietzsche, mais Adorno n'en désavouerait pas et n'en a d'ailleurs pas désavoué le contenu. Cette digression, où l'on retrouve l'articulation morale-domination commence par évoquer Kant et finit par citer *Ainsi parlait Zarathoustra* (1883-1885), *Par-delà bien et mal* (1886) et *Généalogie de la morale* (1887). La volonté autonome de Kant et la volonté de puissance de Nietzsche – supposés l'un et l'autre vouloir « sauver Dieu »[66] – visent, selon les « auteurs », « l'indépendance à l'égard de puissances extérieures, la maturité inconditionnelle définie comme l'essence de la raison »[67]. Cette digression s'achève sur l'idée que Nietzsche (comme Sade) proclame « l'identité de la domination et de la raison »[68].

Contemporain de cette digression, l'aphorisme n° 60 de *Minima moralia* intitulé « Un mot pour la morale » contient une revalorisation de Nietzsche et en particulier des idéaux ascétiques (auxquels est consacrée la troisième dissertation de la *Généalogie de la morale*) qui « impliquent de nos jours une résistance bien plus grande à la folie de l'économie de profit que le vitalisme qui, il y a soixante ans, s'élevait contre la répression libérale »[69].

Par-delà ce point d'accord, ce qu'Adorno reproche à Nietzsche, c'est d'avoir opéré une « négation abstraite » et non une « négation déterminée » de la morale[70]. Dans son cours de 1963 sur les problèmes de la philosophie

64. MC, 325.
65. *Ibid.*
66. DR, p. 123.
67. *Ibid.*
68. *Ibid.*, p. 127.
69. MM, p. 94. C'est entre 1937 et 1944, donc un peu avant *Minima moralia* (1944-1949), que Georges Bataille a « enrôlé » Nietzsche à gauche. Les gestes d'Adorno et de Bataille mériteraient d'être comparés.
70. La négation déterminée se donne un nouveau contenu et transforme donc, en s'opérant, le sujet qui l'opère ; la négation abstraite, elle, n'est présente que dans le discours. Sur ces questions, voir Y. Elissalde, *La Négation*, Paris, Bréal, 2014.

morale, Adorno avance que Nietzsche en « est resté à la négation abstraite de la morale bourgeoise et [que] la résolution des problèmes moraux particuliers à laquelle il est parvenue ne lui a pas permis d'aller jusqu'à une juste formulation de l'idée de vie juste [...] à laquelle il a opposé une morale positive qui, à vrai dire, n'est que le simple reflet négatif dans un miroir de la morale qu'il [...] a rejetée »[71].

Esquisse d'une philosophie morale négative

Les deux grandes questions qui auront structuré la réflexion d'Adorno sur la morale sont l'impossibilité d'une « vie juste » (« dans un monde qui ne l'est pas »[72]) et la formulation d'un impératif catégorique (pour le même monde).

La première question provient de *Minima moralia*. Elle suggère l'idée qu'Adorno aurait pu avoir le projet d'écrire une éthique et s'inscrire ainsi non pas dans le camp de la philosophie pratique mais dans celui du néo-aristotélisme (aux côtés, par exemple, d'une Arendt, d'un Strauss, d'un Voegelin, d'un Gadamer, d'un Jonas…). De ce qui précède, il nous semble qu'il a plus d'affinités avec un Kant relu par Marx et Freud. Adorno considère que les chances de réalisation de la morale dans le « monde administré » sont très réduites mais qu'on peut encore sauver des teneurs conservées dans des intuitions morales. S'il n'est pas un penseur des normes (la « classe moyenne » qui adhère à la culture, se « conforme » à ses normes, est vulnérable au fascisme, expliquent les *Études sur la personnalité autoritaire*[73]), il propose tout simplement dans son cours de 1956-1957 de « produire quelque chose comme des modèles d'une vie juste [*so etwas wie Modelle eines richtigen Lebens*] » (29 novembre 1956[74]). Cela ne signifie pas que, dans nos sociétés, il y aurait des « niches » où des hommes se conformant à des modèles mèneraient des vies justes. Il pense plutôt à des modèles de relations libres permettant à des sujets de se soustraire aux mécanismes de contrainte visant à leur conservation. Il faudrait, autant que possible, faire avec les uns avec les autres « comme si l'on pouvait se représenter d'après soi-même les domaines d'expérience propre parce que la vie devrait être façonnée par des hommes libres libérés, pacifiques et solidaires les uns des autres ». Le programme adornien d'« une vie alternative, fragile, intrigante » sait quelle est « l'impuissance d'une telle tentative ». Loin de lui l'idée de proposer un nouvel idéal, son objectif est juste de rappeler ce qu'il est possible de faire si nous ne relâchons pas nos efforts pour imaginer les dernières possibilités, les dernières cellules humaines au milieu de généralités inhumaines » (29 novembre 1956).

L'autre question qui structure la réflexion d'Adorno sur la morale est celle de l'impératif catégorique que demande le monde d'après Auschwitz.

Dans leur état de non-liberté, Hitler a imposé aux hommes un nouvel impératif catégorique : penser et agir de telle sorte qu'Auschwitz ne se répète pas, que rien

■ 71. PM, p. 255 *sq.*
■ 72. MM, p. 36.
■ 73. T. W. Adorno, *Études sur la personnalité autoritaire*, Paris, Allia, 2007, p. 61.
■ 74. Sur la question des formes de vie, voir R. Jaeggi, « Une critique des formes de vie est-elle possible ? Le négativisme éthique d'Adorno dans *Minima Moralia* », *Actuel Marx*, n° 38/2005, p. 135 *sq.*

de semblable n'arrive. Cet impératif est aussi réfractaire à sa fondation qu'autrefois la donnée de l'impératif kantien[75].

Expériences : la résistance et l'art

Le concept d'une résistance morale va de pair avec celui d'une vie alternative.

On doit essayer de vivre, autant que possible, comme on croit que l'on doit vivre dans un monde libéré, comme si l'on traversait la forme de sa propre existence, avec tous les inévitables conflits et contradictions qu'elle tire derrière elle, essayer d'anticiper la forme d'existence qui serait vraiment la plus juste. Cette ambition est nécessairement condamnée à la contradiction et à l'échec mais il ne reste rien d'autre à faire que de subir cette amère contradiction jusqu'à la fin. La forme la plus importante qu'elle revêt aujourd'hui est la résistance. (28 février 1957)

Car si la résistance à proprement parler n'est plus possible et « si nous devons faire attention à notre faiblesse et à la surpuissance des situations, nous devrions au moins essayer, là où nous devons collaborer, de ne pas complètement collaborer et de faire un peu autrement que ceux qui collaborent avec tout leur cœur » (28 février 1957). La résistance, pour Adorno, n'est pas une catégorie de la philosophie politique mais une catégorie de la philosophie morale. Celui qui est capable de résister est aussi celui qui est capable de réaliser les possibilités de bonheur. Chez Adorno comme chez Kant, le bonheur est l'objet de l'espoir[76].

L'art est lié, lui aussi, à la promesse du bonheur. Les œuvres d'art, qui cherchent à capter des images de la vie juste et aident à critiquer le monde faux ont, elles aussi, une dimension morale. L'esthétique d'Adorno n'a peut-être pas d'autre objet. Il y a deux textes dans lesquels il aborde la façon dont le XIXe siècle a affronté cette question.

Le premier est *Kierkegaard. Construction de l'esthétique* (1933) qui présente l'esthétisation comme la retraite du sujet dans une « intériorité sans objet » où seule la personne éthique peut se déployer[77]. Pour Adorno, cette esthétisation de la réalité est la réponse du sujet à l'impuissance sociale de l'éthique face à la société capitaliste qui s'installe. « En déniant la question sociale, Kierkegaard tombe à la merci de sa propre position sociale »[78]. Du coup, l'éthique de Kierkegaard s'arrange avec « l'immoralité et l'irrationalité sociales »[79] et sa retraite dans l'intériorité n'est qu'un cynisme secret mais objectivement déterminé face à l'injustice et la souffrance sociales. « L'éthique autonome de la personne absolue » reflétant une « situation [...] de classe »[80], dans une société antagoniste, elle devient le contraire de ce qu'elle voulait être. Adorno en conclut que, fuyant la réification de la socialisation capitaliste dans un monde fictif où le sujet se limite à la façon dont il se comporte vis-à-vis de son « prochain », l'éthique de Kierkegaard est « sans objet »[81]. Bien que seul

■ 75. DN, p. 351.
■ 76. Kant, *Critique de la raison pure*, in *Œuvres philosophiques*, t. 1, *op. cit.*, p. 1365.
■ 77. K, p. 50.
■ 78. K, p. 84.
■ 79. K, p. 86.
■ 80. *Ibid.*
■ 81. K, p. 89.

rapport éthique possible entre sujets, « l'éthique kierkegaardienne d'une vie concrète et pleine de sens est une piètre et trompeuse morale de classe »[82].

Un autre texte-clé sur le rapport éthique/esthétique au XIXe siècle est « La vérité sur Hedda Gabler » le § 58 de *Minima Moralia* (91). Il porte plus précisément sur la critique de la morale et de l'esthétique qui sous-tend l'esthétisme au XIXe siècle.

> Impossible de comprendre l'esthétisme du XIXe siècle à partir de lui-même et dans la seule perspective de l'histoire des idées, il faut le considérer dans sa relation avec la réalité qui lui sert de support, c'est-à-dire les conflits sociaux. La mauvaise conscience se fonde sur l'immoralité. Qu'il s'agisse d'économie ou de morale, la critique confronta toujours la société bourgeoise à ses propres normes. Quant à la classe dominante, si elle ne voulait pas […] être tout simplement victime du mensonge apologétique et de son impuissance, elle n'eut d'autre ressource que de rejeter le principe même suivant lequel on jaugeait la société, c'est à dire sa propre morale. Mais la position nouvelle qu'adopta la pensée radicale bourgeoise sous la pression de tout ce qui la talonnait, ne revint pas à se contenter simplement de remplacer les apparences de l'idéologie par une vérité proclamée avec une rage autodestructrice […]. La révolte du beau contre ce que la bourgeoisie considérait comme le bien était une révolte contre la bonté[83].

Hedda Gabler d'Ibsen – auteur qu'Adorno connaît bien – vient exemplifier cette thèse.

Christophe David
Maître de conférence
Université Rennes 2

■ 82. K, p. 88.
▨ 83. MM, p. 91.

T. W. ADORNO

LIRE HEGEL CONTRE HEIDEGGER : LA CRITIQUE ADORNIENNE DE LA PENSÉE DE L'ÊTRE

Lucie Wezel

Cet article montre que le différend qui oppose Adorno à Heidegger, loin de se réduire à une simple rivalité d'école, est de nature politique – si l'on entend par là non pas une stratégie de conquête du pouvoir, mais la nécessaire inscription critique, historique et sociale d'une pensée dans son époque –, et a pour enjeu fondamental le dépassement ou le sauvetage de la métaphysique. Ce différend se cristallise autour de la lecture de Hegel à la fin des années 1950 : là où Heidegger voit dans l'expérience hégélienne de la conscience le lieu d'un dévoilement de l'être, Adorno insiste au contraire sur la dimension irréductiblement dialectique et historique du concept d'expérience chez Hegel.

Le différend Adorno-Heidegger

Toute sa vie durant, Theodor W. Adorno n'aura eu de cesse d'écrire contre Martin Heidegger. Dès sa conférence inaugurale « L'Actualité de la philosophie »[1] prononcée à Francfort en 1931, Adorno prend le contre-pied d'*Être et Temps*[2] et déclare que « l'idée de l'être est devenue impuissante en philosophie ; elle n'est rien de plus qu'un principe formel vide dont la dignité archaïque aide à habiller des contenus arbitraires »[3]. Cette critique radicale de la pensée de l'être s'approfondit dans les *Trois études sur Hegel*[4] (1957), où Adorno conteste notamment l'interprétation que Heidegger donne du contenu de l'expérience chez Hegel, ainsi que dans le virulent *Jargon de l'Authenticité*[5] (1964), qui est tout entier dirigé contre la langue du penseur de

1. T. W. Adorno, *L'Actualité de la philosophie et autres essais*, Paris, Éditions Rue d'Ulm/Presses de l'École normale supérieure, 2008.
2. M. Heidegger, *Être et Temps*, Paris, Gallimard, 1986.
3. T. W. Adorno, *L'Actualité de la philosophie et autres essais*, op. cit., p. 8.
4. T. W. Adorno, *Trois études sur Hegel*, Paris, Payot, 2003.
5. T. W. Adorno, *Jargon de l'authenticité. De l'idéologie allemande*, Paris, Payot, 2009.

CAHIERS PHILOSOPHIQUES ▶ n° 154 / 3ᵉ trimestre 2018

Fribourg. Enfin, cette critique culmine dans la première partie de *Dialectique Négative*[6] (1966), qui constitue la charge la plus destructrice qui soit de la pensée heideggérienne, notamment à travers la mise en question des concepts fondamentaux de « besoin ontologique », d'« être » et d'« existence ». La querelle qui oppose Adorno à Heidegger s'inscrit donc dans le temps long du désaccord philosophique, et connaît un moment de condensation au début des années soixante, lorsque Adorno s'efforce de penser conjointement la crise de la culture et la crise de la métaphysique occidentales après la catastrophe d'Auschwitz.

À l'hostilité polémique d'Adorno, Heidegger a répondu par une ignorance indifférente, confessant même n'avoir jamais lu les écrits de son cadet. Dans l'impressionnant ouvrage de philologie qu'il consacre aux deux philosophes, Hermann Mörchen thématise l'omniprésence de Heidegger dans la pensée d'Adorno, et évoque un « refus de communication »[7] afin d'expliquer à la fois les attaques répétées de l'un et les stratégies d'évitement de l'autre. Mais par-delà cette non-relation qui allie paradoxalement la surdité à l'écoute attentive, tous les ouvrages[8] qui traitent de la polémique Adorno-Heidegger s'attachent à montrer qu'il existe, sous les désaccords de surface, des diagnostics communs aux deux philosophes, aboutissant ainsi à une certaine homogénéisation de leurs pensées et à une « réconciliation extorquée »[9] qui n'était souhaitée d'aucun côté. Pour éclairantes et stimulantes qu'elles soient, ces lectures partagent un même présupposé, à savoir le recours à un paradigme communicationnel qui n'est pourtant ni celui d'Adorno – qui s'est notamment illustré par sa critique des médias et du tout-communication[10] – ni celui de Heidegger – qui développe dans *Être et Temps* une critique cinglante à l'égard du « On » et du bavardage[11]. Si Adorno et Heidegger ont quelque chose en commun, c'est bien une égale suspicion à l'égard de la communication, et il peut paraître étrange de vouloir à tout prix les faire communiquer par-delà la mort alors qu'ils s'en sont toujours abstenu de leur vivant. À ce titre, un tel

6. T. W. Adorno, *Dialectique négative*, Paris, Payot, 2006.
7. H. Mörchen, *Adorno und Heidegger. Untersuchung einer philosophischen Kommunikationsverweigerung*, Stuttgart, Klett-Cotta, 1981.
8. Dans la première partie de son ouvrage, H. Mörchen fait état du refus de communication entre Adorno et Heidegger, pour ensuite mettre en lumière des affinités latentes entre leurs pensées, telles que : 1) leur critique commune de la modernité et la domination de la nature par la rationalité instrumentale ; 2) l'importance du rapport à Hegel ; 3) le refus d'une métaphysique enracinée dans la catégorie de la subjectivité ; 4) l'importance accordée à la réflexion sur la langue philosophique et le langage ; 5) et enfin une réflexion soutenue sur la temporalité et l'histoire. Mörchen exclut toutefois que l'antagonisme Adorno-Heidegger soit de nature politique. Le conflit entre Adorno et Heidegger s'expliquerait par des raisons essentiellement métaphysiques selon H. Mörchen ; autrement dit, leur « refus de communication » tiendrait au rejet viscéral de toute enquête ontologique, qualifiée d'archaïque, de la part d'Adorno. Sur la relation chiasmatique Adorno-Heidegger, voir également l'ouvrage sous la direction de I. MacDonald et K. Ziarek, *Adorno and Heidegger. Philosophical Questions* (Stanford University Press, 2007), qui propose de confronter les deux penseurs sur une série de thèmes communs, et d'orchestrer à partir de là un débat entre deux traditions philosophiques qui se sont tenues résolument séparées l'une de l'autre ; ainsi que l'ouvrage de B. Ouattara, *Adorno et Heidegger : une controverse philosophique* (Paris, L'Harmattan, 1999), qui s'inscrit dans le sillage de l'interprétation de H. Mörchen.
9. Nous empruntons cette formule à un essai qu'Adorno consacre à Lukàcs dans ses *Notes sur la littérature*, Paris, Flammarion, 1984.p. 171-199.
10. Voir sur ce point l'article d'O. Voirol, « La théorie critique des médias de l'École de Francfort : une relecture », *Mouvements*, 2010/1, n° 61, p. 23-32.
11. M. Heidegger, *Être et Temps, op. cit.*, § 27, § 35 et § 38.

présupposé communicationnel semble contestable pour plusieurs raisons. Tout d'abord, il laisse entendre que si Adorno et Heidegger n'ont justement pas su s'entendre, c'est pour de simples raisons de rivalités d'écoles, ou par volonté du cadet de se démarquer systématiquement de l'aîné en s'opposant à lui, ou encore par mauvaise foi, animosité et orgueil personnels. Autrement dit, un tel présupposé insiste sur le caractère contingent – voire trivial – de leur mésentente, ce qui a pour conséquence d'escamoter les enjeux philosophiques et politiques, pourtant cruciaux, de leur querelle.

Contre une conception qui entend déchiffrer sous les différences de surface des affinités profondes, et qui lisse par là même les aspérités d'un débat philosophique structuré sur le modèle du chiasme (ontologie *versus* dialectique), nous souhaiterions recourir à la notion de différend afin de rendre compte du conflit insurmontable entre les philosophies d'Adorno et de Heidegger. Dans son ouvrage éponyme [12] qui prend au sérieux la question adornienne de la possibilité de la philosophie et du jugement après Auschwitz, Jean-François Lyotard définit le différend comme « un cas de conflit entre deux parties (au moins) qui ne pourrait pas être tranché équitablement faute d'une règle de jugement applicable aux deux argumentations » » [13]. Le différend se distingue du litige en ce que le tort qu'il implique ne saurait être reconnu publiquement : « Un tort serait ceci : un dommage accompagné de la perte des moyens de faire la preuve du dommage » [14]. Le problème du livre est alors le suivant : si les conflits ne sont ni évitables ni surmontables par un discours universel et réconciliateur, comment juger ou comment enchaîner une phrase sur une autre ? Et si « l'enchaînement d'une phrase sur une autre est problématique et que ce problème est la politique » [15], comment témoigner de la nature politique du différend ? Reformulé dans le cadre de notre réflexion, le problème devient : si nous sommes en présence de deux idiomes hétérogènes qui obéissent à des visées philosophiques différentes – voire diamétralement opposées –, comment trancher le différend Adorno-Heidegger et mettre en lumière sa nature essentiellement politique ? Et si par ailleurs « dans le différend, quelque chose "demande" à être mis en phrases, et souffre du tort de ne pouvoir l'être à l'instant » [16], qu'est-ce qui s'invente ou cherche à se formuler dans ce différend Adorno-Heidegger ?

L'hypothèse de lecture que nous nous proposons pour trancher le différend Adorno-Heidegger sera la suivante : ce différend est indissociable du traitement de la question de la métaphysique. En effet, là où Heidegger fait coïncider métaphysique et oubli de l'être [17], et entreprend ainsi de dépasser la métaphysique par une pensée de l'être, Adorno considère au contraire qu'il

12. J.-F. Lyotard, *Le Différend*, Paris, Minuit, 1983.
13. *Ibid.*, p. 9.
14. *Ibid.*, p. 18.
15. *Ibid.*, p. 11.
16. *Ibid.*, p. 30.
17. Dans « La constitution onto-théo-logique de la métaphysique », conférence de 1957 qui clôt un séminaire sur Hegel, Heidegger pose que l'essence de la métaphysique tient dans l'oubli de la différence ontologique, c'est-à-dire de l'être comme différent de l'étant, et ceci au profit de la fondation de l'étant. L'histoire de l'être est ainsi l'histoire de l'oubli de l'être, histoire paradoxale de l'être s'oubliant : histoire du retrait de l'être qui est aussi l'histoire du nihilisme.

faut à la fois critiquer et sauver la métaphysique, car la liquidation de cette dernière ne ferait qu'ajouter de la barbarie à celle qui s'est produite avec Auschwitz. Ainsi, à l'inverse de Hermann Mörchen qui interprète ce différend à l'aune du rejet viscéral d'Adorno vis-à-vis de toute enquête ontologique, sans s'interroger sur les raisons véritables de celui-ci, nous postulons que le conflit qui oppose ce dernier à Heidegger est de nature politique. Il ne s'agit pas par là de dire, selon la vieille terminologie usée jusqu'à la corde, que la pensée de l'être est une philosophie de droite ou conservatrice, et la dialectique négative une philosophie de gauche à visée émancipatrice. Il s'agit plutôt de considérer que l'ontologie[18] comme la métaphysique, parce qu'elles concernent l'être-au-monde des hommes ou le rapport des hommes à eux-mêmes, à la totalité sociale ainsi qu'à la nature, sont des objets éminemment politiques et qui, à ce titre, ne peuvent nous laisser indifférents.

Le différend Adorno-Heidegger forme une constellation de conflits dont il est impossible de rendre compte au sein d'un seul article. C'est pourquoi nous nous restreindrons ici à analyser l'aspect le plus crucial de ce différend, qui se joue dans le rapport à Hegel à la fin des années 1950. La polémique qu'Adorno agence entre Hegel et Heidegger dans ses *Trois études sur Hegel* constitue en effet l'un des moments phares de son anti-heideggérianisme, et sert également de laboratoire à la *Dialectique Négative*. Cet épisode hégélien se cristallise autour du concept d'expérience et condense la critique qu'Adorno adresse à la pensée de l'être de Heidegger, à laquelle il oppose une conception renouvelée de la métaphysique.

> Il faut à la fois critiquer et sauver la métaphysique

Adorno écrit dans ses *Trois études sur Hegel* que « le style de Hegel va sans doute à l'encontre de la compréhension philosophique habituelle, mais il rend cependant possible, par sa faiblesse même, une autre compréhension : il faut lire Hegel en suivant les courbes que décrit le mouvement de l'esprit, en accompagnant, pour ainsi dire, le jeu des pensées avec une oreille spéculative, comme si les pensées dessinaient une partition »[19].

C'est de cette *partition* du texte hégélien – si l'on entend par là à la fois un document qui porte la transcription d'une œuvre musicale et la division, la séparation d'un territoire en plusieurs régions dotées de régimes politiques différents – et de l'interprétation que l'on doit en donner dont il va être maintenant question.

■ 18. Précisons qu'après *Être et temps*, Heidegger va rapidement abandonner le terme d'« ontologie fondamentale » pour caractériser sa démarche philosophique, car l'ontologie ne fait jamais que penser l'être de l'étant, et réduit par là l'être au concept. « La pensée qui pose la question de la vérité de l'Être, et par là même détermine le séjour essentiel de l'homme à partir de l'Être et vers lui, n'est ni éthique ni ontologie. » (Heidegger, *Lettre sur l'humanisme*, *Questions III*, Paris, Gallimard, p. 119.) Heidegger cherche ainsi à penser en direction de la vérité de l'être, et ce faisant à échapper à la métaphysique comme à la pensée conceptuelle. C'est l'un des reproches qu'Adorno formulera à son égard, voyant dans la pensée de l'être une forme d'irrationalisme, de régression vers le mythe. Par conséquent, Adorno continuera d'utiliser le terme d'« ontologie » pour désigner la pensée de Heidegger, non pas qu'il ait ignoré la « Kehre » du penseur de Fribourg, mais parce qu'il se refusera à abandonner la métaphysique et la pensée conceptuelle qu'elle implique.

■ 19. T. W. Adorno, *Trois études sur Hegel, op. cit.*, p. 119.

La partition de Hegel

Le retour à Hegel

Hegel constitue une référence majeure pour Heidegger comme pour Adorno : l'un et l'autre se posent en lecteurs attentifs du philosophe d'Iéna, Heidegger dans son cours sur la *Phénoménologie de l'Esprit*[20] professé à l'université de Fribourg-en-Brisgau pendant le semestre d'hiver 1930-1931, ainsi que dans son essai intitulé « Hegel et son concept de l'expérience »[21] (1949) ; et Adorno dans ses *Trois études sur Hegel* (1957), dont la deuxième étude répond à l'essai de Heidegger précédemment cité. Comme dans son essai « Parataxe »[22] consacré à l'analyse de la langue de Hölderlin contre la lecture qu'en donnait Heidegger[23], Adorno entend rivaliser avec la lecture ontologisante que le penseur de Fribourg donne de la *Phénoménologie de l'esprit* de Hegel. Par la mise en place de cette relation triangulaire, il s'agit de montrer combien l'interprétation ontologique de Heidegger déforme la pensée de Hegel, et de saper par là les bases d'une pensée de l'être qui voudrait prendre appui sur le concept hégélien de l'expérience pour dépasser la métaphysique.

La structure de la polémique adornienne avec Heidegger médiatisée par la figure de Hegel est en effet indissociable du traitement de la question de la métaphysique comme telle. L'intérêt que Heidegger porte au philosophe d'Iéna s'explique par le fait que la métaphysique hégélienne n'est pas une métaphysique parmi d'autres, mais c'est celle dans et par laquelle la métaphysique parvient à son accomplissement et/ou son achèvement. Ainsi, Heidegger fait coïncider métaphysique et oubli de l'être, et croit trouver dans la philosophie de Hegel des éléments permettant de dépasser la métaphysique – qui aurait toujours oblitéré l'être au profit de l'étant – par une pensée enfin attentive à la question de l'être. Adoptant la posture philosophique strictement inverse, Adorno oppose à l'ontologie sans métaphysique de Heidegger une métaphysique sans ontologie, c'est-à-dire une philosophie de la médiation inspirée de Hegel, allergique à toute recherche d'un fondement ou d'une origine, et qui a pour moteur la « confrontation permanente de l'objet avec son concept »[24]. Cette métaphysique sans ontologie, dont Adorno esquisse le projet dès le début des années trente, sera ultérieurement baptisée « dialectique négative »[25] dans l'ouvrage du même nom.

20. M. Heidegger, *La « Phénoménologie de l'Esprit » de Hegel*, Paris, Gallimard, 1984.

21. M. Heidegger, « Hegel et son concept de l'expérience », in *Chemins qui ne mènent nulle part*, Paris, Gallimard, 1962, p. 147-252.

22. T. W. Adorno, « Parataxe », in *Notes sur la littérature*, Paris, Flammarion, 1984, p. 307-350.

23. Voir M. Heidegger, « Pourquoi des poètes ? », in *Chemins qui ne mènent nulle part, op. cit.*, p. 323-385, ainsi que *Approche de Hölderlin*, Paris, Gallimard, 1962.

24. T. W. Adorno, *Trois études sur Hegel, op. cit.*, p. 18.

25. Par « dialectique négative », Adorno entend une dialectique sans relève ou sans résultat, qui se maintient dans la négation déterminée afin de donner voix au non-identique, aux résidus hétérogènes à ce grand schème totalisant de la pensée qu'est le concept. « La formulation de Dialectique négative pèche contre la tradition. La pensée dialectique veut, dès Platon, que par le moyen de la négation se produise un positif ; plus tard la figure d'une négation de la négation désigna cela de façon frappante. Ce livre voudrait délivrer la dialectique d'une telle essence affirmative, sans rien perdre en déterminité », T. W. Adorno, *Dialectique négative, op. cit.*, p. 7. « Changer cette orientation de la conceptualité, la tourner vers le non-identique, c'est là la charnière d'une dialectique », *Ibid.*, p. 23.

Comment lire Hegel ?

La question est alors de savoir comment lire Hegel, et notamment comment interpréter le sous-titre de la *Phénoménologie de l'esprit* : « science de l'expérience de la conscience ». Comme le rappelle Adorno dans sa première étude intitulée « Aspects », Hegel constitue une référence incontournable pour tout penseur qui entreprend de réfléchir sur le concept d'expérience[26]. Que signifie dès lors cette expérience de la conscience qui se trame dans la *Phénoménologie de l'esprit* ; quels concept et contenu de l'expérience sont ici en jeu ? Nous adopterons ici la perspective adornienne pour analyser cette question du sens de l'expérience hégélienne, pour nous demander ensuite ce qu'elle implique d'invention quant aux usages possibles de Hegel contre Heidegger.

Afin de bien saisir les enjeux de ce questionnement, commençons par rappeler que le concept d'expérience occupe une position centrale au sein de l'idéalisme allemand. Réveillé de son sommeil dogmatique par la lecture de Hume, pour qui l'expérience constitue la source fondamentale de toute connaissance, Kant fait de l'expérience la pierre de touche du savoir humain, permettant de distinguer ce qui est connu de ce qui est simplement pensé sans pouvoir être rapporté à une quelconque intuition sensible. Mais en séparant la forme de l'expérience (les catégories de l'entendement) de son contenu empirique (la chose telle qu'elle est en soi, indépendamment de son objectivation phénoménale pour le sujet), Kant scinde irrémédiablement en deux l'expérience humaine. Comme l'écrit Adorno, « la manière dont la forme et le contenu peuvent alors se rencontrer et s'accorder [...], c'est ce qui relève, compte tenu de leur divorce radical, d'une véritable énigme »[27]. La théorie de la connaissance kantienne tombe ainsi sous le coup de la critique de Hegel, pour qui la forme et le contenu sont indissociables, c'est-à-dire « essentiellement médiatisés l'un par l'autre »[28]. Invalidant la séparation de l'*a priori* et de l'empirique, il définit la philosophie comme pensée du contenu, c'est-à-dire de l'effectivité : « La conscience la plus prochaine de ce contenu, nous la nommons *expérience* »[29]. Une telle critique du formalisme kantien va de pair avec une conception dialectique de l'expérience, c'est-à-dire avec l'identification de l'expérience et de la dialectique. Dans l'introduction de la *Phénoménologie de l'esprit*, Hegel témoigne du déchirement de la conscience déjà formulé par Kant dans sa théorie de la connaissance :

> Car la conscience est, d'un côté, conscience de l'ob-jet, de l'autre côté, conscience d'elle-même ; conscience de ce qui est pour elle le vrai, et conscience du savoir qu'elle en a. En tant que les deux [termes] sont pour elle, elle est elle-même leur

---

26. « Il n'y a sans doute aujourd'hui aucune réflexion théorique de quelque portée pouvant rendre compte de l'expérience de la conscience et non seulement de celle de la conscience, mais de l'expérience concrète des hommes, qui ne soit nourrie de philosophie hégélienne », T. W. Adorno, *Trois études sur Hegel, op. cit.*, p. 12.
27. *Ibid.*, p. 69.
28. Ibid.
29. G. W. F. Hegel, *La Science de la logique*, trad. B. Bourgeois, Paris, Vrin, 2012, § 6, p. 90.

comparaison ; c'est pour elle que vient au jour si son savoir de l'ob-jet correspond ou non à celui-ci [30].

Clivée entre l'en soi et le pour soi, le concept et l'objet, la conscience va tenter de faire coïncider ces deux moments en les mesurant l'un à l'autre, mais ce faisant, elle va les modifier et les altérer : « Ce mouvement dialectique que la conscience pratique à même elle-même, aussi bien à même son savoir qu'à même son obj-et, dans la mesure où, pour elle, le nouvel ob-jet vrai en surgit, est proprement ce que l'on nomme expérience [31]. » Le concept hégélien de l'expérience témoigne ainsi de l'importance de la dialectique, comme moment de transformation du savoir qui produit un résultat supérieur et positif.

Adorno et Heidegger vont donner deux interprétations très dissonantes – sinon diamétralement opposées – de ce concept d'expérience chez Hegel. Dans son texte « Hegel et son concept de l'expérience », Heidegger voit dans l'expérience hégélienne de la conscience un élan qui parcourt l'être jusqu'à l'atteindre ; autrement dit, l'expérience hégélienne est renvoyée au dévoilement d'un lien présubjectif, méconnu par la conscience naturelle, qui unit le sujet à l'être. L'expérience est autant une modalité de l'être, qui tend à se manifester [32], qu'une modalité du sujet et de son savoir sans lequel l'être ne pourrait pas se manifester [33]. La *Phénoménologie de l'esprit* nous inviterait ainsi à penser l'être dans le mouvement de son apparaître ; autrement dit, l'expérience hégélienne constituerait, selon Heidegger, l'événement de la venue de l'être à lui-même [34] (*Ereignis*). Dans sa deuxième étude sur Hegel intitulée « Le contenu de l'expérience », Adorno s'oppose radicalement à une telle entente de l'expérience hégélienne :

> Sa pensée (Hegel) n'aurait jamais autorisé la prétention heideggerienne à faire de l'« objet qui à chaque fois surgit à la conscience dans l'histoire de sa formation » non pas « un quelconque vrai et étant, mais la vérité du vrai, l'être de l'étant, l'apparaître de l'apparaissant » ; il n'aurait jamais baptisé cela expérience. […] Supposer que l'expérience est un mode de l'être, un « advenu » ou un « éclairci » présubjectifs est absolument inconciliable avec la conception hégélienne de l'expérience comme « mouvement dialectique que la conscience s'applique à elle-même, à son savoir comme à son objet, dans la mesure où pour elle le nouvel objet vrai en surgit » [35].

Cette interprétation trahit la pensée de Hegel à plusieurs titres selon Adorno :

1) Tout d'abord, une telle lecture semble méconnaître la critique de l'être menée dans *La Science de la Logique*, où Hegel identifie l'être à l'immédiat indéterminé, c'est-à-dire à un concept purement négatif ou à un

30. G. W. F. Hegel, *Phénoménologie de l'esprit*, trad. B. Bourgeois, Paris, Vrin, 2006, p. 127.
31. *Ibid.*
32. « L'expérience est l'être conformément auquel l'absolu veut être près de nous », M. Heidegger, « Hegel et son concept de l'expérience », in *Chemins qui ne mènent nulle part, op. cit.*, p. 247.
33. « Il ne s'agit pas que nous en prenions connaissance, mais que nous soyons nous-mêmes en cette expérience que notre être lui-même *est* aussi, et cela dans cet ancien sens traditionnel de l'être : déployant une présence auprès du présent », *Ibid.*, p. 250.
34. « La *Phénoménologie de l'esprit*, cela signifie : la parousie de l'Absolu en son règne », *Ibid.*, p. 244.
35. T. W. Adorno, *Trois études sur Hegel, op. cit.*, p. 57-58.

pur néant[36]. Adorno pointe ainsi l'incohérence qu'il y a à vouloir rabattre le contenu de l'expérience hégélienne sur une catégorie vide et dépassée par ce même système hégélien ; au contraire, pour le philosophe de Francfort, la philosophie de Hegel « n'est sans doute jamais aussi actuelle que lorsqu'elle démonte le concept d'être »[37]. On pourrait toutefois objecter à Adorno le fait que Heidegger ne semble pas entendre l'être autrement que ne le fait Hegel : loin d'ignorer la négativité de l'être, Heidegger identifie ce dernier au néant indéterminé, puisqu'on ne peut pas dire de l'être qu'il est, à la différence de l'étant. « Le Néant ne reste pas l'opposé indéterminé à l'égard de l'existant, mais il se dévoile comme composant l'être de cet existant. "L'Être pur et le Néant pur sont donc identiques." Cette thèse de Hegel reste vraie[38]. » Dès lors, la différence ontologique reposant tout entière sur cette négativité de l'être, la lecture heideggerienne de Hegel est-elle aussi faussée que le prétend Adorno ?

Si Hegel et Heidegger comprennent l'être comme une catégorie purement négative, Adorno croit cependant déceler dans leurs conceptions respectives de l'être des nuances fondamentales engendrant des divergences inconciliables. Selon Adorno, Heidegger ferait de l'indétermination du concept d'être une qualité ontologique, là où Hegel n'y verrait qu'une détermination d'entendement, un défaut de la pensée ou encore une tautologie vide[39]. Dire « l'absolu c'est l'être », c'est en donner une définition abstraite et indigente ; voilà pourquoi Adorno reproche à Heidegger son pathos de l'être, qui fait de ce dernier un mot incantatoire, de l'ordre d'un affect (immédiat) et non plus d'un concept (médiation). La première étude sur Hegel conclut à la réification du concept d'être et à l'abstraction de la pensée heideggerienne[40] : cette dernière se voulait une méditation sur la différence entre l'être et l'étant, mais elle confine davantage au « cliquetis formel du moulin à prières »[41].

À l'inverse, Adorno trouve dans la pensée hégélienne une certaine conception de la philosophie définie comme pensée du contenu, ce qui signifie que la philosophie ne doit pas se contenter de réfléchir, mais également s'engager dans des contenus déterminés.

> La vérité conçue comme dévoilement ne serait qu'une modulation

Une telle conception de la philosophie constitue un ressort critique contre le « formalisme vide » de la pensée heideggerienne et sa langue philosophique qui produit des hypostases sans corrélats référentiels. La critique du concept d'être dans les *Trois études sur Hegel* se prolonge ainsi dans le *Jargon de l'authenticité*. Au vide de l'invocation de l'être correspond une langue formelle

---

36. « Or, cet être pur est l'abstraction pure, partant l'absolument-négatif qui, pris pareillement en son immédiateté, est le néant. », G. W. F, Hegel, *La Science de la Logique, op. cit.*, p. 173.
37. T. W. Adorno, *Trois études sur Hegel, op. cit.*, p. 40.
38. M. Heidegger, « Qu'est-ce que la métaphysique ? », *Questions I et II*, Paris, Gallimard, 1968, p. 69.
39. « Mais ce vide est moins une qualité ontologique de l'être qu'un défaut de la pensée philosophique qui aboutit à l'être », *Ibid.*
40. « Ce qui prétend s'élever aujourd'hui au-dessus de la dialectique en invoquant des paroles originaires, le "dit", n'est jamais que ce dont la dialectique ne fait qu'une bouchée, l'abstraction, qui s'enfle jusqu'à l'être en soi et pour soi, et sombre dans le manque total de contenu, dans la tautologie, dans l'être qui ne dit rien d'autre que l'éternelle rengaine de l'être. », *Ibid.*, p. 42.
41. *Ibid.*, p. 41.

vidée de tout contenu d'expérience, comme nous le donne à penser cette phrase de Beckett placée en exergue du *Jargon* : « Il est plus facile d'élever un temple que d'y faire descendre l'objet du culte [42]. » Comparée à un temple vide de l'objet de son culte, la pensée de l'être apparaît comme piété sans contenu, une foi sans objet auquel fait écho le vide assourdissant du jargon.

2) Le second reproche qu'Adorno formule à l'encontre de la lecture de Heidegger porte sur le fait que ce dernier aurait méconnu ce qu'il y a de plus original chez Hegel, à savoir son concept de vérité. En effet, la vérité chez Hegel n'est plus définie en termes d'adéquation entre la pensée et la chose (*adaequatio rei atque cogitationis*) ; elle n'est plus une qualité des jugements mais un processus. Prenant le contre-pied de la doxa philosophique, Hegel pose que la vérité n'est pas une chose immuable et éternelle, mais qu'elle doit au contraire être pensée dans son noyau temporel, comme le résultat de l'automouvement du concept. Cet automouvement du concept est déclenché par l'automouvement de la chose et traduit l'effort de la pensée rationnelle pour, d'une part, dépasser sa propre unilatéralité, sa propre violence identificatoire et, d'autre part, pour se plonger dans le mouvement de la chose et tenter de se rendre semblable à elle. Une telle conception processuelle et dynamique de la vérité [43] va à l'encontre de l'idéalisme traditionnel, qui a toujours conçu la vérité comme éternelle et immuable. Adorno s'attache dès lors à montrer que ce concept de vérité processuelle est incompatible avec le questionnement ontologique qui identifie la vérité à l'être, c'est-à-dire à un substrat intemporel et statique :

> La vérité hégélienne n'est plus, comme le voulait le nominalisme, dans le temps, elle n'est pas non plus au-dessus du temps à la manière de l'ontologie : pour Hegel, le temps est un moment de la vérité elle-même. La vérité comme processus consiste à parcourir tous les moments, par opposition au "jugement non contradictoire" ; et, en tant que telle, elle possède un noyau temporel. Cela évacue l'hypostase de l'abstraction et du concept identique à lui-même, hypostase qui domine la philosophie traditionnelle [44].

Autrement dit, la vérité conçue comme dévoilement ne serait qu'une modulation de la définition traditionnelle et idéaliste de la vérité comme adéquation. En interprétant l'expérience hégélienne non comme le mouvement dialectique de la vérité, mais comme le dévoilement ou un décèlement de l'être, Heidegger retomberait ainsi paradoxalement dans une forme de platonisme ou de métaphysique qu'il entendait pourtant dépasser.

3) Par ailleurs, Adorno trouve chez Hegel des éléments de critique du fondationnalisme qu'il voit à l'œuvre chez le penseur de l'être dans sa

---

42. S. Beckett, *L'Innommable*, Paris, Minuit, 1953.
43. « Le vrai est le tout. Mais le tout est seulement l'essence s'achevant par son développement. Il faut dire de l'absolu qu'il est essentiellement résultat, qu'il n'est qu'à la fin ce qu'il est en sa vérité ; et c'est précisément en cela que consiste sa nature, qui est d'être quelque chose d'effectif, un sujet, ou un advenir à soi-même. », G. W. F. Hegel, Préface de la *Phénoménologie de l'esprit, op. cit.* p. 70.
44. T. W. Adorno, *Trois études sur Hegel, op. cit.*, p. 46.

recherche systématique d'un fondement[45] (*Grund*) ou encore d'une origine[46] (*Ursprung*). Cette volonté de mettre au jour un premier principe ou une essence fondamentale est solidaire du questionnement ontologique, qui interroge non pas l'étant lui-même mais ce qui se tient en deçà ou en retrait de ce dernier, à savoir l'être de l'étant. Adorno se montre très critique envers ce qu'il considère être un retour de la métaphysique première sous le nom d'ontologie fondamentale, et récuse ainsi une telle conception de la philosophie au moyen d'arguments hégéliens :

> Hegel fait apparaître que les réalités que la philosophie traditionnelle espère dégager au titre de fondements ontologiques ne sont pas des idées séparées d'une façon discrète, mais qu'au contraire chacune exige son opposé et que leur rapport commun constitue le procès. Mais par là, le sens de l'ontologie se modifie tellement en profondeur qu'il paraît oiseux de l'appliquer plus longtemps, comme le souhaitent aujourd'hui certains interprètes de Hegel, à une prétendue structure fondamentale dont l'essence est précisément de ne pas être une structure fondamentale, de ne pas être ὑποκείμενον[47].

En effet, la critique des principes[48] menée par Hegel dans la Préface de sa *Phénoménologie de l'Esprit* apparaît peu compatible avec la recherche heideggérienne de l'être comme premier principe ou substrat de la manifestation de l'étant. Parce que le vrai est « le devenir de lui-même »[49] et que l'être n'est pas conçu par Hegel de manière substantielle mais processuelle, le principe est à la fois vrai et faux : vrai en tant que commencement, point de départ ; et faux en tant qu'il sera nécessairement dépassé en tant que premier principe par le développement dialectique de la vérité, et deviendra alors un simple moment du tout qui, seul, est source du vrai. L'enquête ontologique contredit ainsi le cœur dialectique du système hégélien.

4) Enfin, l'annulation de l'histoire humaine réelle opérée par l'ontologie fondamentale au profit du temps pensé comme ek-stase de l'être a pour conséquence de dépolitiser et de dé-historiciser le concept hégélien de l'expérience, le mouvement historique de l'étant se trouvant rabattu sur une métaphysique de l'être. Là encore, une telle compréhension ontologique de l'expérience apparaît comme incompatible avec le principe de l'expérience hégélien compris comme connaissance de l'effectivité (*Wirklichkeit*), c'est-à-dire

45. Dans *Kant et le problème de la métaphysique,* Heidegger interprète la *Critique de la Raison Pure* de Kant comme l'instauration du fondement de la métaphysique : « Ainsi l'instauration du fondement, comme développement du projet de la possibilité intrinsèque de la métaphysique, est-elle nécessairement une façon de mettre à l'épreuve l'efficacité du fondement posé. La mesure du succès de cette épreuve définit le critère de l'authenticité et de la profondeur d'une instauration », M. Heidegger, *Kant et le problème de la métaphysique,* Paris, Gallimard, 1953, p. 58.

46. « Origine signifie ici ce à partir de quoi et ce par où la chose est ce qu'elle est, et comment elle l'est. Ce qu'une chose est en son être tel, le « quoi » en son « comment », nous l'appelons son « essence ». L'origine d'une chose, c'est la provenance de son essence. La question de l'origine de l'œuvre d'art pose celle de sa provenance essentielle », M. Heidegger, « L'origine de l'œuvre d'art » in *Chemins qui ne mènent nulle part, op. cit.,* p. 13.

47. T. W. Adorno, *Trois études sur Hegel, op. cit.,* p. 18.

48. « Une proposition fondamentale ou un principe de la philosophie, s'il est vrai, est déjà également faux pour autant qu'il n'est que comme proposition fondamentale ou principe. – C'est pourquoi il est aisé de le réfuter. Sa réfutation consiste à faire voir son manque ; mais, qu'il comporte un manque, la raison en est qu'il est seulement l'universel ou le principe, le commencement. », G. W. F. Hegel, *Phénoménologie de l'Esprit, op. cit.,* p. 72.

49. *Ibid.,* p. 69.

de la réalité telle qu'elle existe en acte et en tant qu'elle est porteuse d'une forme de rationalité ou de nécessité interne. À rebours d'une lecture ontologisante qui enferme la pensée dans des abstractions vides de sens, Adorno renvoie l'expérience hégélienne à ses conditions sociales et historiques réelles :

> Ce qui est proprement dialectique, et qui heurte le lecteur innocent de la *Phénoménologie de l'esprit*, c'est la fulgurance du rapprochement entre les idées spéculatives les plus hautes et l'expérience politique contemporaine, celle de la Révolution française et de l'époque napoléonienne [50].

C'est bien l'historicité de l'esprit qu'il s'agit de penser, et non pas l'anhistoricité de la conscience de soi. Adorno réfute la différence ontologique qui oppose un être anhistorique ou à la source de toute historicité et des étants pris dans les remous de l'événementialité, et il rappelle ainsi que les contradictions que la conscience expérimente ne sont pas des schémas de pensée purement théoriques chez Hegel, mais les reflets d'un antagonisme social réel qui produit de la souffrance et qu'il s'agit à ce titre de critiquer [51].

La dialectique contre l'ontologie

Comme nous avons essayé de le montrer dans ce qui précède, la stratégie argumentative d'Adorno dans les *Trois études sur Hegel* consiste donc à se faire hyper-hégélien afin de démonter le cœur même de la pensée heideggérienne, à savoir la différence ontologique et la prétendue radicalité de la question de l'être qui aurait été oubliée par la métaphysique. Cette relecture de Hegel contre Heidegger occupe ainsi une position charnière dans le corpus adornien : d'une part, à la question « comment lire [52] ? » des *Trois études sur Hegel* succède la question « comment écrire ? » dans le *Jargon de l'Authenticité*, où Adorno mène une critique virulente et approfondie de la langue philosophique heideggérienne. D'autre part, cette réappropriation de la pensée de Hegel, qui ne va pas sans nuance et critique [53], est également l'occasion d'une actualisation de la pensée de celui-ci : comme Adorno le précise dans la courte préface aux *Trois études sur Hegel* qu'il rédige à l'été 1963, « ce que vise le tout, c'est à

---

50. T. W. Adorno, *Trois études sur Hegel*, op. cit., p. 83.

51. « Les contradictions, seule véritable ontologie de l'histoire, sont en même temps la loi formelle de l'histoire qui n'avance elle-même que par la contradiction, dans des souffrances ineffables. Hegel appelait celle-ci un abattoir, ce qui montre par ailleurs que, malgré sa vision optimiste de l'histoire qu'on a si souvent mise en avant et que Schopenhauer déclarait infâme, le ressort de la philosophie hégélienne, la conscience que tout ce qui est se supprime et périt en même temps qu'il se réalise, n'est pas si éloigné de l'Unique pensée de Schopenhauer que l'histoire de la philosophie officielle veut bien le croire d'après les invectives de ce dernier », *Ibid.*

52. Voir le titre de la troisième étude sur Hegel, intitulée « Skoteinos ou comment lire », où après avoir critiqué la lecture heideggerienne de Hegel, Adorno va proposer sa propre interprétation – musicale – des textes de Hegel.

53. Voir la fin du « Contenu de l'expérience », où Adorno critique « une des thèses les plus douteuses de Hegel, celle de la rationalité du réel », thèse affirmée par le philosophe de Iéna dès la préface des *Principes de la philosophie du droit*. « Une telle philosophie se range du côté des gros bataillons. Elle fait sien le verdict d'une réalité qui sans cesse ensevelit sous soi ce qui pourrait être autre. », *Trois études sur Hegel, op. cit.*, p. 84. Rappelons en effet qu'Adorno et Horkheimer développent dans *La dialectique de la raison* l'idée selon laquelle la « raison est totalitaire » (p. 28), signifiant par là que la réalisation effective de la raison dans l'histoire, loin de tenir ses promesses d'émancipation et de bonheur, a plutôt donné lieu à une suite ininterrompue de catastrophes. Parce que raison s'est retournée dialectiquement en domination, il convient de mener une critique des Lumières, de Hegel et de sa pensée de la rationalité du réel, ainsi que les structures sociales de domination.

préparer un concept modifié de la dialectique »[54], qui donnera naissance trois ans plus tard à *Dialectique négative*. Les *Trois études sur Hegel* préparent ainsi *l'opus magnum* qui « voudrait délivrer la dialectique (de son) essence affirmative sans rien perdre en déterminité »[55]. Ce sont ces prolongements de la lecture de Hegel dans l'œuvre adornienne ainsi que les échos de plus en plus amplifiés qu'ils produisent contre la pensée de Heidegger que nous voudrions analyser dans un dernier temps.

Expérience et expression

Pour le philosophe de Francfort, la valeur de la philosophie de Hegel réside avant tout dans sa capacité à exprimer l'expérience et son contenu concret et historique : « La philosophie hégélienne dans son ensemble n'est tout entière qu'un effort pour traduire en concepts l'expérience de l'esprit […] Il faut lire Hegel à rebrousse-poil, de telle sorte aussi que chaque opération logique, si formelle qu'elle se présente, soit ramenée à son noyau d'expérience[56]. » Hegel parviendrait à saisir et à exprimer la vie de l'esprit en la confrontant à l'expérience mouvante et contradictoire du réel, là où Heidegger momifierait la pensée en en faisant le miroir de l'être. Une telle conception expressive de l'expérience requiert du lecteur de Hegel un « imaginaire productif » ou mimétique, c'est-à-dire que le lecteur doit être à la fois capable, d'une part, « d'extraire de sa propre expérience celle qui peut être consignée dans les textes »[57] et, d'autre part, d'épouser l'automouvement du concept, tout comme l'oreille musicale doit être apte à suivre les courbes d'une partition. La critique adornienne de la lecture ontologique de Hegel est en ce sens également une critique esthétique : par-delà les objections théoriques du philosophe, c'est également le musicien et compositeur Adorno qui écoute attentivement la musicalité de la langue heideggérienne et qui en critique tout à la fois la construction et l'expression. Comparant Heidegger à un Hindou qui resterait toute la journée immobile à regarder le bout de son nez et à chanter intérieurement Om Om Om[58], Adorno oppose à l'éternel refrain du même (l'être) une pensée de la différence et de la variation musicale, et voit même dans la musique de type beethovénien un analogon de la dialectique hégélienne[59].

Toutefois, si expérience et expression se confondent chez Hegel – l'une et l'autre ayant pour moteur la différenciation dialectique, le devenir autre du même –, dans quelle mesure le principe hégélien de l'expérience permet-il

---

54. *Ibid.*, p. 10.

55. T. W. Adorno, *Dialectique négative, op. cit.*, p. 7.

56. T. W. Adorno, *Trois études sur Hegel, op. cit.*, p. 134.

57. *Ibid.*, p. 134.

58. *Ibid.*, p. 41.

59. « La musique de type beethovénien, dans laquelle la réexposition, c'est-à-dire le rappel des structures thématiques exposées précédemment, veut être dans l'idéal le résultat du développement, c'est-à-dire de la dialectique, fournit sur ce point un analogon qui dépasse la simple analogie. La musique hautement organisée requiert elle aussi une écoute pluridimensionnelle, à la fois prospective et rétrospective. […] Les différents passages doivent être compris comme ses conséquences, il faut comprendre le sens des répétitions déviantes, percevoir ce qui revient, non pas simplement comme une correspondance architectonique, mais comme un devenir nécessaire. Le fait que la conception de la totalité comme identité médiatisée en soi par la non-identité reprenne un principe formel esthétique pour le transposer dans le domaine philosophique permet peut-être de comprendre cette analogie ainsi que l'essence même de la philosophie hégélienne », *Ibid.*, p. 132.

de rendre compte de l'expérience contemporaine de la souffrance et de la vie mutilée qu'Adorno décrit dans les *Minima Moralia* ? « Le besoin de faire s'exprimer la souffrance (étant) la condition de toute vérité »[60], quelle peut-être la vérité ou l'actualité de la philosophie de Hegel aujourd'hui ?

Pour élucider ce point, il nous faut revenir sur ce « privilège » qu'Adorno confère à l'expérience dans son introduction à la *Dialectique négative*[61]. Fidèle au présentisme hégélien selon lequel la philosophie se conçoit comme une connaissance du présent et doit, par conséquent, s'efforcer de connaître ce qui est, Adorno rompt pourtant avec Hegel en affirmant que la philosophie trouve aujourd'hui son intérêt dans l'expression du non-conceptuel ou du non-identique :

> Étant donné la situation historique, la philosophie a son véritable intérêt là où Hegel, d'accord avec la tradition, exprimait son désintérêt : dans le non-conceptuel, l'individuel et le particulier ; dans ce qui depuis Platon a été écarté comme éphémère et négligeable et sur quoi Hegel colla l'étiquette d'existence paresseuse. Son thème serait les qualités ravalées par elle comme contingentes au rang de quantité négligeable. Ce qui presse le concept c'est ce à quoi il n'atteint pas, ce qu'exclut son mécanisme d'abstraction, ce qui n'est pas déjà un exemplaire du concept[62].

Dans le premier chapitre de la *Phénoménologie de l'esprit* où se trouve exposée la première figure du savoir de la conscience sous la forme de la Certitude sensible[63], Hegel théorisait la vanité du non-conceptuel, de la singularité pure et contingente qui ne pouvait pas être médiatisée par l'universel, c'est-à-dire exprimée par les catégories universelles du langage. À l'inverse de Hegel, Adorno considère que la philosophie doit s'efforcer de dire ce qu'elle ne peut pas dire, d'atteindre le non-conceptuel par le moyen du concept : « Mais ce que les concepts touchent de vérité par-delà leur extension abstraite ne peut avoir d'autre théâtre que ce qui est opprimé, méprisé, rejeté par les concepts. Ce serait l'utopie de la connaissance que de vouloir mettre au jour le non-conceptuel au moyen de concepts sans l'assimiler à eux[64]. » C'est ainsi en dépassant Hegel qu'Adorno prétend lui être véritablement fidèle : par-delà la profonde connivence des *Trois études*, Adorno montre que la pensée hégélienne contient en elle-même un principe antidialectique, qui la conduit à sacrifier l'hétérogène qui est ramené à l'unité par *l'Aufhebung* dialectique. L'enjeu est de « rendre à la dialectique son sens propre, celui d'épreuve de la différence, sens que la dialectique hégélienne viendrait trahir »[65]. Adorno témoigne ainsi de la culpabilité de la pensée à l'égard de ce qu'elle pense, à savoir le non-identique qui a été violemment réprimé tant dans l'histoire de la philosophie que lors de la Seconde Guerre mondiale avec l'extermination des Juifs d'Europe. La tâche de la philosophie aujourd'hui est de penser la

60. T. W. Adorno, *Dialectique négative, op. cit.*, p. 29.
61. T. W. Adorno, *Trois études sur Hegel, op. cit.*, p. 56.
62. T. W. Adorno, *Dialectique négative, op. cit.*, p. 17.
63. G. W. F. Hegel, *Phénoménologie de l'esprit, op. cit.*, p. 131-143.
64. T. W. Adorno, *Dialectique négative, op. cit.*, p. 19.
65. C. Pagès, *Qu'est-ce que la dialectique*, Paris, Vrin, 2015, p. 113.

catastrophe incommensurable d'Auschwitz, l'anéantissement des individus en exemplaires par la confiscation de leur propre mort, ainsi que la peine de mort à vie qu'endurent les survivants :

> La culpabilité de la vie qui, en tant que pur factum ravit déjà le souffle d'une autre vie, conformément à une statistique qui compense un nombre écrasant d'assassinés par un nombre minime de sauvés, comme si cela avait été prévu par le calcul de probabilités, ne peut plus être réconciliée avec la vie. Cette culpabilité se reproduit constamment parce qu'à aucun moment elle ne peut être totalement présente à la conscience. C'est cela et rien d'autre qui contraint à philosopher [66].

Une telle tâche requiert de transformer en profondeur la dialectique hégélienne en lui imprimant un changement de direction (*Umrichtung*) : « Changer cette orientation de la conceptualité, la tourner vers le non-identique, c'est là la charnière d'une dialectique » [67]. La *Dialectique négative* (adornienne) fêle la logique spéculative de la dialectique affirmative (hégélienne), et interdit tout résultat positif au terme du procès dialectique, toute dissolution du non-identique dans la contrainte supérieure de l'identité.

La *Dialectique négative*, « conscience rigoureuse de la non-identité » [68], est ainsi la tentative philosophique pour rendre compte par le concept du non-conceptuel ou du non-identique ; elle repose sur un certain type d'expérience qui doit nous donner accès à ce non-identique. Adorno nomme une telle expérience « *Erfahrung* », qu'il distingue de l'« *Erlebnis* », l'expérience simplement vécue. L'expérience entendue comme « *Erfahrung* » possède trois traits fondamentaux : 1) elle se caractérise tout d'abord par sa nouveauté ; 2) elle se caractérise également par ce qu'Adorno appelle le primat de l'objet, ce dernier dirigeant la réponse du sujet dans la rencontre de celui-ci ; 3) enfin, elle implique également une transformation du sujet et l'apparition d'un nouveau domaine d'objets. Empruntant à Benjamin l'idée d'un appauvrissement de l'expérience [69], Adorno pointe le fait que les sociétés modernes ont diminué les possibilités de faire de telles expériences ainsi que l'autorité de celles-ci, en raison de l'indexation de l'expérience contemporaine sur le modèle de l'échange marchand, où toute chose est équivalente à une autre et revêt par là la forme de la marchandise. La valorisation de l'expérience chez Adorno vise ainsi à exprimer le non-identique ainsi qu'à battre en brèche l'expérience appauvrie du toujours-semblable qui prévaut dans les sociétés contemporaines. Cette expérience non réduite est parfois qualifiée de « métaphysique » par Adorno : il s'agit par là de penser une expérience de ce qui pourrait être autre, du possible non encore actualisé ou réalisé, et dont l'archétype serait l'expérience de remémoration dans la *Recherche du temps perdu* de Proust [70] en ce qu'elle réactive chez le narrateur le souvenir d'un temps chargé de promesses, où les possibles étaient encore

---

66. T. W. Adorno, *Dialectique négative, op. cit.*, p. 441.
67. *Ibid.*, p. 23.
68. *Ibid.*, p. 14.
69. W. Benjamin, « Expérience et pauvreté » in *Œuvres* II, Paris, Gallimard, 2000, p. 364-372.
70. « L'anecdote du vieux moine qui apparaît en rêve à un religieux de ses amis la nuit suivant sa mort pour lui murmurer à l'oreille "Totalement différent" pourrait servir de maxime à la *Recherche* de Proust, en ce qu'elle est un corpus de recherches sur ce qui s'est vraiment passé, au contraire de ce sur quoi tout le monde était

maintenus ouverts. Une telle expérience métaphysique s'oppose à l'expérience ontologique de Heidegger qui, parce qu'elle se fait écoute passive de la parole de l'être, signe la résignation envers l'état des choses existant.

Métaphysique de la mort

Cette critique de l'expérience ontologique et de ses implications politiques culmine dans le *Jargon de l'authenticité*, où Adorno assimile la conception heideggerienne de la mort à une forme de fascisme militaire, à une idéologie fasciste du sacrifice de soi à la guerre[71]. Rappelons à ce titre que l'analytique existentiale de la mort occupe une place déterminante dans *Être et temps*[72] en ce qu'elle articule deux tendances possibles du Dasein, qui peut choisir ou bien de se perdre dans le monde, ou bien de se ressaisir lui-même. Heidegger se demande alors dans quelle mesure la prise de conscience par l'homme de sa propre mort – comme « possibilité de l'impossibilité » – peut lui permettre de se libérer de la tyrannie du « On » afin de devenir ce qu'il est en propre. Si la question de la mort met en jeu le pouvoir-être authentique du Dasein, c'est parce que dernier est constamment en rapport avec la mort, il la devance. « Par rapport à toute possibilité particulière, la possibilité de ne plus être là apparaît comme la possibilité extrême, possibilité de l'impossibilité. Et l'extrême et l'impossible, pour Heidegger, sont à la fois le plus propre et la totalisation du Dasein. »[73] C'est ainsi le devancement de sa possibilité la plus propre qui enjoint le Dasein à s'assumer authentiquement : la mort en tant que néant d'être du Dasein apparaît comme sa condition de possibilité ou son essence même dans la pensée du philosophe de Fribourg. C'est très précisément cette « ontologisation de la mort »[74] qu'Adorno entend démonter dans la dernière partie de son *Jargon*, où s'orchestre en trois temps la critique de l'être-pour-la-mort (*Sein zum Tode*).

1) Tout d'abord, Adorno met en lumière le formalisme de la pensée de Heidegger à l'égard de la mort :

> « Dans les excursus suivants sur la mort, Heidegger est alors irrésistiblement conduit à des manières de parler tautologiques : "La mort est la possibilité de l'impossibilité de tout comportement à l'égard de [...] l'impossibilité de tout exister", donc, tout simplement, la possibilité qu'on n'existe plus »[75].

Réduite à une pure tautologie, la pensée heideggérienne de la mort est vidée de tout contenu d'expérience ; préférant la répétition incantatoire « qui propage le concept tout en refusant de le déterminer »[76], elle échoue par là à saisir ce qu'il y aurait à penser.

d'accord : tout le roman n'est rien d'autre qu'un procès en révision de la vie contre la vie », T. W. Adorno, *Notes sur la littérature*, Paris, Flammarion, 1984, p. 143.
■ 71. « Parce que, en tant qu'horizon existential du *Dasein*, la mort est absolue, elle devient un absolu en tant qu'objet de vénération. On régresse vers un culte de la mort ; c'est pourquoi, depuis le début, le jargon a fait bon ménage avec les choses militaires. », T. W. Adorno, *Jargon de l'authenticité, op. cit.*, p. 172.
■ 72. M. Heidegger, *Être et temps, op. cit.*, § 46-60.
■ 73. J.-M. Salanskis, *Heidegger*, Paris, Les Belles Lettres, 2003, p. 40.
■ 74. T. W. Adorno, *Jargon de l'authenticité, op. cit.*, p. 188.
■ 75. *Ibid.*, p. 167.
■ 76. *Ibid.*, p. 168.

2) Par ailleurs, cette égalisation violente de l'essence ou de l'authenticité du Dasein avec le fait le plus brutal de tous va paradoxalement de pair avec ce qu'Adorno thématise depuis *La dialectique de la raison*[77], à savoir la froide subjectivité bourgeoise mue par un principe égoïste d'autoconservation, faisant ainsi de ce dernier la réciproque exacte de l'être-pour-la-mort. « Ce n'est pas seulement en apparence que la violence est complice de la mort ; que tout, même soi-même, soit susceptible de disparaître et que, d'autre part, on suive avec un « oh » méprisant son propre intérêt borné, les deux attitudes se sont toujours alliées l'une à l'autre[78]. » En plaçant l'essence du Dasein dans le devancement ou l'anticipation de sa mort, Heidegger ne ferait en réalité que le définir implicitement par sa réciproque, à savoir le principe d'autoconservation. Adorno réfute par là la présence d'un moment de négativité, de non-identité au sein de l'identité du Dasein, et réinscrit Heidegger dans la tradition de la doctrine de l'identité ou dans l'archihistoire de la subjectivité[79].

3) Enfin, la critique du principe d'identité mortifère qui guide les considérations heideggériennes sur la mort s'articule à la critique du concept de totalité qui s'oppose à « l'expérience de la vie littéralement en morceaux »[80] des individus contemporains. En effet, Adorno fait l'hypothèse que Heidegger aurait, par la mort, tenté de fonder une totalité existentiale, une totalisation des possibles qui s'oppose à la vie aujourd'hui morcelée, mutilée, dispersée des individus. Autrement dit, la mort transformerait en totalité la mise en morceaux du Dasein : « En tant que constituant ontologique du Dasein, la mort seule confère à celui-ci la dignité de la totalité »[81]. Là encore, l'interprétation ontologique que Heidegger donne de la mort manque la transformation historique du sens de cette dernière, devenue étrangère aux hommes. La mort n'est plus en effet ce qui s'identifie à la négativité qui travaille dialectiquement du dedans la vie de l'individu, comme c'était le cas dans la *Phénoménologie de l'Esprit* de Hegel. Adorno postule dans la *Dialectique Négative* que la mort s'est transformée et qu'elle ne revêt plus le même sens pour nous : « La mort devient aujourd'hui ce tout à fait étranger et ce, du fait de la décadence socialement déterminée de toute expérience continue »[82].

Autrement dit la mort est devenue étrangère aux hommes, elle leur apparaît comme une chose extérieure et irréconciliable avec leur existence qu'ils ne parviennent plus à articuler dans le cadre d'un récit unifié. Cette « mort de la belle mort »[83] s'accompagne selon Adorno d'une indifférence croissante des hommes à l'égard de celle-ci. Mais cette neutralisation de la conscience à l'égard de la mort donne paradoxalement lieu à un nouvel effroi face à la mort :

---

77. M. Horkheimer et T. W. Adorno, *La dialectique de la raison*, Paris, Gallimard, 1974.
78. T. W. Adorno, *Jargon de l'authenticité, op. cit.*, p. 169.
79. *Ibid.*, p. 170.
80. *Ibid.*, p. 176.
81. *Ibid.*, p. 180.
82. T. W. Adorno, *Dialectique négative, op. cit.*, p. 448.
83. J.-F. Lyotard, *Le différend, op. cit.*, p. 134.

« C'est une nouvelle horreur que celle de la mort dans les camps : depuis Auschwitz la mort signifie avoir peur de quelque chose de pire que la mort [84]. »

Avant Auschwitz en effet, la peur de la mort s'expliquait par le fait que cette dernière contredisait le principe d'autoconservation de soi, la mort signifiant la disparition de l'individualité, l'élimination du principe d'individuation. Ce qui change avec Auschwitz selon Adorno, c'est le caractère désormais indifférent de la vie de tout individu : l'individu s'est trouvé dépossédé de sa propre mort dans les camps, car ce n'est plus l'individu qui meurt, mais l'exemplaire. Auschwitz signe ainsi la réalisation de la pure identité comme mort, l'anéantissement du non-identique qui se tramait depuis toujours dans la métaphysique occidentale [85] et dont la métaphysique heideggérienne de la mort constitue le point d'orgue.

Ainsi, l'ontologie fondamentale momifie non seulement la vie de l'esprit en faisant de l'expérience de la conscience le lieu de l'avènement de l'être ; mais elle révèle également sa violence inhérente lorsqu'elle fait coïncider l'être du Dasein avec sa propre destruction. « La mort et le Dasein sont identifiés, la mort devient la pure identité en tant que ce qui arrive à un étant et absolument pas à un autre qu'à lui-même. [...] Par là sa pensée (Heidegger) fait ressortir au-dehors le creux qui résonne dans le jargon, dès qu'on frappe à sa porte. La tautologie et le nihilisme s'unissent en une sainte alliance [86]. » C'est ce nihilisme innervant de part en part la pensée de Heidegger qui constitue au bout du compte la focale de la critique adornienne de l'ontologie fondamentale.

Conclusion

Nous avons tout d'abord tenté d'interpréter la relation polémique qui lie Adorno à Heidegger au prisme du concept lyotardien de différend, afin de mettre en lumière la dimension politique de ce conflit trop souvent occulté par les commentateurs. Nous avons ensuite essayé de montrer que la critique adornienne de la pensée de l'être s'élabore dans la lecture croisée de Hegel et de son concept de l'expérience de la conscience, et trouve son point d'achèvement dans la critique de la « métaphysique de la mort » développée par Heidegger.

Pour conclure, nous pouvons avancer que le but visé par la critique adornienne de la pensée de l'être est double. Il s'agit, d'une part, de confronter la pensée de Heidegger à ses propres contradictions, afin de mettre en évidence l'échec de son projet de dépassement de la métaphysique. Adorno s'efforce ainsi de montrer que, sous couvert de poser la question soi-disant inouïe de l'être, Heidegger hypostasie ce dernier et régresse dans une mauvaise métaphysique teintée d'essentialisme. Loin de valider le programme heideggérien

84. *Ibid.*, p. 449.
85. Plus encore, Adorno dit de la métaphysique et de la culture qu'elles ont refoulé le corps, dénié toute valeur au sensible, à la misérable existence physique. Tout ce processus de refoulement de la corporéité culmine selon Adorno dans les camps, où les corps sont brûlés jusqu'à l'os et où les individus partent littéralement en fumée. Tragiquement, la réalisation du Savoir Absolu a bien eu lieu lors de la Seconde Guerre Mondiale : l'anéantissement forcené des corps dans les camps doit être lu selon le philosophe de Francfort comme le triomphe éclatant de l'idéalisme, ou de l'esprit sur la matière, *cf.* T. W. Adorno, *Dialectique négative, op. cit.*, p. 442.
86. *Ibid.*, p. 172-173.

de dépassement de la métaphysique au profit d'une autre pensée, Adorno en conclut au contraire à l'impossibilité de liquider le bébé (métaphysique) avec l'eau du bain (ontologique). Mais, d'autre part, il s'agit également de mettre en évidence le danger politique que représente cette pensée de l'être, qui abolit l'histoire au profit de la pensée du temps, le pôle de la subjectivité dans l'écoute passive de la voix de l'être, et qui fait coïncider le sujet avec sa propre destruction. Il apparaît ainsi que le tort qu'Adorno cherche à formuler dans le différend qui l'oppose à Heidegger se condense dans la « métaphysique heideggerienne de la mort »[87] qualifiée ironiquement de nouvelle « idéologie allemande »[88].

Lucie Wezel
Agrégée de philosophie, doctorante
Université Paris-Nanterre

87. Formulée dès 1931 dans *L'Actualité de la philosophie*, l'expression « métaphysique de la mort » se verra reprise dans le *Jargon de l'authenticité*, chargée cette fois de l'épaisseur historique de l'extermination des Juifs d'Europe.
88. Selon le sous-titre qu'Adorno donne à son *Jargon de l'authenticité* : *Une idéologie allemande*.

DOSSIER

T. W. ADORNO

ADORNO ET LA DIALECTIQUE DE LA LIBERTÉ

Isabelle Aubert

Cet article s'intéresse au traitement que réserve Adorno à la philosophie morale de Kant dans la *Dialectique négative* et dans les cours magistraux qui ont préparé cet ouvrage, *Probleme der Moralphilosophie* et *Zur Lehre von der Geschichte und von der Freiheit*. Adorno entretient un rapport ambivalent à la théorie morale de Kant en la considérant à la fois comme grevée de « contradictions internes » et comme la « philosophie morale par excellence ». L'article prend pour fil directeur le reproche majeur qu'adresse Adorno à Kant d'avoir essayé de résoudre l'antinomie de la liberté et de négliger la dialectique de la liberté et de la non-liberté. Après avoir dégagé les déplacements sémantiques opérés par Adorno, il montre comment c'est en se situant par rapport à Kant qu'Adorno renouvelle la réflexion morale.

Contemporain d'Auschwitz, Theodor W. Adorno développe un rapport à la philosophie qui est à jamais imprégné des témoignages des camps de la mort[1]. Auschwitz incarne en effet la preuve irréfutable de « l'échec de la culture »[2], et avec elle de la tradition philosophique. Dans divers écrits antérieurs, notamment dans *La dialectique de la raison*, Adorno et Horkheimer ont expliqué cet échec de la raison laquelle, sans entreprendre de réflexion sur soi, régresse en devenant un instrument de domination. Vingt ans plus tard, dans la *Dialectique négative*, Adorno s'intéresse à ce qu'il reste de la philosophie ou à ce qui peut en être sauvé, sachant que toute « culture consécutive à Auschwitz [...] n'est qu'un tas d'ordure », en étant soit la même

CAHIERS PHILOSOPHIQUES

---

1. On notera le parallèle avec les philosophes français écrivant dans les années quarante qui, de la même manière, redonneront des orientations nouvelles à la philosophie, tels Emmanuel Lévinas, Georges Canguilhem ou Jean-Paul Sartre, ainsi qu'avec les membres du groupe « Socialisme ou Barbarie » fondé en 1948 (Claude Lefort, Cornelius Castoriadis, Jean-François Lyotard). Sur le parallèle entre Adorno et les philosophes français, voir M. Cohen-Halimi, *Stridences spéculatives. Adorno, Lyotard, Derrida*, Paris, Payot, 2014.
2. T. W. Adorno, *Dialectique négative* [1966], trad. Collège de philosophie, Paris, Payot, 1978, p. 287.

culture « coupable et minable » qui a fait naître la barbarie soit un refus de toute culture convergeant avec la barbarie, soit encore un silence complice[3]. L'autocritique du penser que développe la *Dialectique négative* prend pour objet d'investigation principal la métaphysique, considérée souvent comme « l'achèvement » de toute culture[4], et cela en commentant et critiquant les approches de Heidegger, de Hegel et de Kant, et leurs vues connexes sur l'ontologie (Heidegger), la philosophie de l'histoire (Hegel), la théorie de la connaissance et la théorie morale (Kant), C'est cette dernière qui retiendra notre attention ici. Kant ayant démontré le primat de l'intérêt pratique de la raison sur son intérêt théorique et ce faisant, selon une interprétation acceptée aujourd'hui, le passage d'une métaphysique spéculative à une métaphysique pratique fondée sur l'Idée de liberté[5], l'enquête de la *Dialectique négative* intitulée « Liberté pour une métacritique de la raison pratique », qui porte sur la théorie morale kantienne, a également des répercussions sur les bases de cette métaphysique.

Le fait que la Shoah ait pu avoir lieu dépasse à ce point le cadre de référence des théories morales antérieures à la Seconde Guerre mondiale que la question de l'obsolescence de la philosophie morale vient à se poser. Cette conclusion serait sans doute la plus logique au vu des événements passés. Et pourtant sonner le glas de la philosophie morale revient aussi par le même geste à se priver de catégories pour qualifier l'horreur d'Auschwitz. D'emblée, le problème posé par la « philosophie morale » est délicat ; Adorno s'attache à montrer sa complexité sans la simplifier.

Le contexte d'une société répressive totale – qui fournit des conditions sociopsychologiques favorables pour insensibiliser progressivement toute une population à des actes de barbarie – invalide en bloc les théories morales précédentes. Aussi diverses qu'aient été celles-ci, qu'il s'agisse d'éthiques cognitivistes ou d'éthiques du sentiment moral, elles reposent toujours sur l'hypothèse selon laquelle la socialisation des membres d'une société donne lieu également à leur formation en tant que sujets moraux. En présupposant une socialisation non déformée, les éthiques[6] antérieures à Auschwitz comportent toutes un impensé : elles ignorent les conditions historiques et sociales qui préexistent au jugement moral et qui nécessairement l'influencent.

La question morale revient de façon récurrente dans les écrits d'Adorno, comme en témoignent ses œuvres principales, *Minima Moralia. Réflexion sur la vie mutilée*, rédigée de 1944 à 1947, *La dialectique de la raison*, coécrite avec Max Horkheimer, ou encore la *Dialectique négative* (1966). Les textes des années soixante, la *Dialectique négative* et ses cours préparatoires,

---

3. *Ibid.*
4. Ainsi I. Kant, *Critique de la raison pure* [1781], trad. A. Renaut, Paris, GF, 2001, AK III 549, p. 685.
5. I. Kant, *Critique de la raison pratique* [1788], trad. J.-P. Fussler, Paris, GF, 2003, AK V, 123, p. 247 et *Métaphysique des mœurs*, trad. A. Renaut, Paris, GF, 1994, Introduction, AK VI, 216-217, p. 166. Si le débat semble tranché aujourd'hui en faveur d'un « renouvellement pratique de la métaphysique chez Kant » (selon l'article au titre éponyme de M. Morais, *Revue philosophique de Louvain*, t. 103, n° 3, 2005, p. 301-330), les interprétations rivales (fin de la métaphysique *versus* naissance de la métaphysique chez Kant) s'opposaient lors de l'écriture de la *Dialectique négative*. Adorno ne pouvait ignorer les vues contraires des néo-kantiens et celles de Heidegger (dans *Kant et le problème de la métaphysique*) ni les enjeux de ces lectures pour le statut de la philosophie pratique.
6. À la suite d'Adorno dans ses cours de philosophie morale, j'utilise « éthique » en un sens synonyme de « théorie morale ».

Probleme der Moralphilosophie (1963) et *Zur Lehre von der Geschichte und von der Freiheit* (1964/1965), adoptent de façon systématique une perspective métaéthique pour étudier la morale ou plutôt sa possibilité même, et entreprennent, à cette occasion, une discussion serrée avec la philosophie morale kantienne. Nous allons privilégier leur étude dans cet article.

Ces textes d'Adorno sont à première lecture assez déconcertants car ils exposent par le menu une attitude ambivalente par rapport à la théorie morale du philosophe de Koenigsberg. D'un côté, la liste de critiques signalant les « contradictions internes »[7] de l'éthique kantienne est longue. Leur grief principal est que Kant donne une assise à la morale bourgeoise qui a conduit aux atrocités du national-socialisme – point que signalait déjà *La dialectique de la raison* en considérant que la Juliette libertine du marquis de Sade applique les méthodes kantiennes de la maîtrise de soi et ce faisant « incarne le plaisir de détruire la civilisation par ses propres armes »[8].

D'un autre côté, et par différence avec toute une série de critiques à commencer par celles de Hegel, Adorno ne conçoit pas une philosophie morale *non* kantienne. Il est ferme à ce sujet dans *Probleme der Moralphilosophie* : « Le fait est que nous pouvons dire que la philosophie morale de Kant est la philosophie morale *par excellence*, la philosophie morale en tant que telle »[9]. Les approches alternatives, les éthiques du bien entendues au sens large, qui mettent l'accent sur les valeurs sociales (Hegel) ou leur critique (Nietzsche), rateraient le problème moral fondamental découvert par Kant : la tension entre le particulier et l'universel, entre l'individu empirique et l'intérêt général[10]. L'aspect crucial réside dans cette interpellation de l'individu par une obligation inconditionnelle et dans l'opposition entre les deux tendances s'exprimant alors qui met en évidence une non coïncidence, une tension entre l'individu socialisé et son environnement social. Adorno poursuit cette idée selon laquelle l'expérience morale fait prendre conscience à l'individu de son impossible conciliation avec un universel. Cet aspect dote, selon lui, l'éthique kantienne d'une portée critique inédite : elle apporte « une image du possible, ou mieux une image du possible qui ne fait pas image »[11].

Enfin, Kant a mis en lumière ce qui est central pour Adorno, le fait qu'il y a une « dialectique de la moralité »[12]. Ou encore que « le porteur de la raison, le sujet, [a] la possibilité d'être à la fois libre et non-libre »[13] : la troisième antinomie de la *Critique de la raison pure* représente le principe

■ 7. T. W. Adorno, *Probleme der Moralphilosophie* [1963], Francfort, Suhrkamp, 1996, p. 242 [Les traductions de *PM* sont de l'auteur.]
■ 8. T. W. Adorno, M. Horkheimer, *La dialectique de la raison* [1947], trad. E. Kaufholz, Paris, Gallimard, 1974, 2011, p. 104.
■ 9. T. W. Adorno, *Probleme der Moralphilosophie*, op. cit., p. 158.
■ 10. *Ibid.*, p. 34.
■ 11. *Ibid.*, p. 224. Adorno insiste sur la dimension critique de l'éthique kantienne – une telle dimension serait absente de l'éthique hégélienne même si elle rend davantage compte des phénomènes sociaux (T. W. Adorno, *Probleme der Moralphilosophie, op. cit.*, p. 245 sq).
■ 12. *Ibid.*, p. 235 : « wenn Sie etwas von moralischer Dialektik erfaren wollen, und das ist schliesslich der Gegenstand unserer Vorlesung ».
■ 13. T. W. Adorno, *Dialectique négative, op. cit.*, p. 189. Voir aussi *Ibid.*, p. 232 : « La contradiction entre liberté et déterminisme n'est pas, comme l'auto-compréhension de la critique de la raison le voudrait bien, contradiction entre les positions théoriques du dogmatisme et du scepticisme, mais une contradiction à l'intérieur de l'expérience que, tantôt libres, tantôt non-libres, les sujets ont d'eux-mêmes ».

même de la philosophie morale et son contenu de vérité tient précisément, aux yeux d'Adorno, dans l'existence de cette contradiction insoluble. Ce qui fait dire à la *Dialectique négative* : « La question de savoir si la volonté est libre ou non, nous force à un « ou bien, ou bien » tout aussi contraignant que problématique [14]. » La « contradiction [étant] dans la chose » [15] et non dans la méthode, cette alternative est illusoire. En énonçant l'antinomie de la liberté, Kant a perçu le problème fondamental de la morale, mais son erreur a été de chercher à la résoudre en suivant « la logique de la non-contradiction » [16]. Il semblerait que le rapport complexe d'Adorno à Kant vienne en partie des tensions qu'il dégage au sein même de la théorie kantienne – *La dialectique de la raison* ne constatait-elle pas déjà que les « concepts kantiens sont ambigus ? » [17].

Les écrits adorniens oscillent donc entre des moments de critiques déconstructives et des moments de sauvetage de la théorie morale de Kant. La position d'Adorno se distingue par son rejet de deux approches réductrices et contraires de l'éthique kantienne : il refuse de réduire l'éthique kantienne à un simple rigorisme moral (qu'illustre l'attitude du nazi Eichmann déclarant avoir agi de façon kantienne) tout autant qu'il refuse de réhabiliter sans critique, à l'inverse de Hannah Arendt, cette philosophie pratique [18].

> **Les écrits adorniens oscillent entre critiques déconstructives et sauvetage de la théorie morale de Kant**

Afin d'étudier la « métacritique de la raison pratique pure », menée dans la *Dialectique négative* et ses travaux préparatoires, nous prendrons pour fil directeur le reproche majeur qu'adresse Adorno à Kant d'avoir cherché une solution à la troisième antinomie. En suivant cette ligne d'analyse, nous montrerons comment le renouvellement de la réflexion morale effectué par Adorno à partir de la dialectique de la liberté ne prend sens qu'à la lumière de son opposition à la philosophie pratique de Kant *tout autant* que grâce à une interaction constante avec elle. Les résultats successifs d'une telle analyse vont nous permettre de défendre une thèse : la conception adornienne de la morale se trouve dans un enchevêtrement intime des pensées d'Adorno et de Kant. C'est de façon progressive que nous étayerons cette idée en nous penchant d'abord sur les problèmes perçus par Adorno dans la réduction de l'antinomie de la liberté (opérée à ses yeux par Kant), puis en revenant dans un second moment sur le sens de la morale que dégage Adorno en redéfinissant les concepts kantiens.

14. T. W. Adorno, *Dialectique négative*, op. cit., p. 168.
15. *Ibid.*, p. 188.
16. *Ibid.*
17. T. W. Adorno, M. Horkheimer, *Dialectique de la raison*, op. cit., p. 94.
18. H. Arendt, *Eichmann à Jérusalem*, in *Hannah Arendt. Le totalitarisme. Eichmann*, Paris, Quarto Gallimard, 2002, p. 1149-1151. Kant représente une source d'inspiration pour la théorie politique d'Arendt : H. Arendt, *Juger. Sur la philosophie politique de Kant*, Paris, Seuil, 2003.

Liberté et non-liberté

Avec le passage de la *Critique de la raison pure* à la *Critique de la raison pratique* s'effectue le passage d'une perspective de connaissance sur la liberté à une analyse du pouvoir de détermination de la volonté. Idée régulatrice de l'usage spéculatif de la raison pure, la liberté devient une Idée constitutive de son usage pratique, constitutive d'une morale rationnelle positive. D'après Adorno, reconnaître le statut constitutif de la liberté revient à effectuer un saut théorique absolument contestable et ce serait là la source des problèmes de l'éthique kantienne. L'élément révélateur qui amène Kant à poser la liberté de la volonté ou plutôt, suivant son analyse, à prendre acte de son existence est bien connu : il s'agit de l'expérience décisive que tout être doté de raison fait de la voix de la conscience qui impose en toute clarté le devoir sous la forme d'une proposition indéductible, d'une « proposition synthétique *a priori* »[19]. Le « fait de la raison » qui désigne, par analogie avec la donation des faits empiriques, la manière dont la loi morale est *donnée* à la conscience sans appui d'« aucune intuition, ni pure, ni empirique »[20] et qui permettrait de déduire la liberté à partir de sa *ratio cognoscendi* (la loi morale)[21] est critiqué par Adorno. Il considère que la thèse kantienne essaie de fonder la liberté sur une expérience cruciale en contournant la nécessité d'une démonstration. Pour Adorno, une telle expérience n'a pas valeur de preuve (a), pas plus qu'un donné résistant à l'examen de la raison peut être considéré comme un produit de la raison (b).

Nous allons examiner de plus près ces deux points. On notera au préalable qu'ils ont en commun de partir d'une conception empirique du sujet. En rattachant le sujet de la volonté à un sujet empirique sur le motif qu'il est le seul à pouvoir prendre des décisions, à avoir des impulsions[22], la *Dialectique négative* introduit un changement conséquent par rapport à Kant qui étudie le sujet de liberté à la fois comme noumène eu égard à la conscience pure de la loi morale et comme phénomène dans sa conscience empirique. Il y aurait lieu de se demander ici si Adorno n'effectue pas une réduction psychologique de l'appréhension du devoir qui, d'emblée, rend improbable une conciliation avec la perspective kantienne recherchant le fondement d'une obligation inconditionnée. Nous ne faisons qu'indiquer cette voie. Afin de poursuivre notre analyse de la critique adornienne de Kant, nous prêterons surtout attention aux arguments de l'auteur de la *Dialectique négative*.

a) D'un point de vue phénoménologique (le plan des phénomènes devenant ainsi le seul niveau d'analyse valable pour appréhender la volonté), Adorno montre, en premier lieu, qu'aucune introspection ne saurait fonder la liberté. C'est confondre deux registres différents que de le croire. Par définition, l'introspection ne donne pas accès à une expérience de la liberté ni à son absence. Adorno ne dénonce pas simplement l'illusion des consciences individuelles, il signale que les coordonnées de la liberté ne s'épuisent pas

19. Kant, *Critique de la raison pratique, op. cit.,* AK V, 56, p. 127.
20. *Ibid.,* p. 128 (pour les deux citations).
21. *Ibid,* AK V, 6, p. 90 note.
22. T. W. Adorno, *Dialectique négative, op. cit.,* p. 168.

dans un rapport mental de soi à soi, qu'elles dépendent également « de quelque chose d'extramental »[23], du rapport qu'entretiennent les sujets empiriques avec leur environnement et des effets que celui-ci a sur leur nature intérieure, sur leur corps. Au kantien qui rejetterait l'absence de distinction entre les dimensions nouménale et phénoménale, Adorno semble rétorquer que cette perspective duale occulte l'importance du contexte historico-social qui influence sans cesse les consciences et empêche de parler d'un concept absolu de liberté. Pour le théoricien critique, la liberté qui consiste dans la possibilité de rejeter une situation d'oppression déterminée, de se libérer, reste mêlée à la non-liberté, qui est définie par « l'image de la souffrance »[24] produite par la répression.

b) En deuxième lieu, en affirmant que la loi morale se manifeste par un fait de la raison, Kant introduirait, selon la lecture adornienne, une contradiction dans sa théorie. La nature double et antithétique de la loi morale paraît évidente quoi qu'en dise le philosophe de Koenigsberg : en tant que loi formelle, issue de la logique pure de la raison pratique, la loi morale est « rationnelle » ; mais en se manifestant comme un donné, inaccessible à l'analyse logique, elle est également « non rationnelle »[25]. Loin de fonder la liberté, le fait de la raison est donc l'indice que l'antinomie de la liberté demeure. Cette découverte est essentielle pour comprendre le rapport d'Adorno à Kant.

La lecture du théoricien critique dévoile ainsi un non-dit dans la doctrine kantienne de la liberté. Alors même que son discours affirme une liberté positive, Kant maintient, malgré lui, une notion antinomique de liberté dans sa présentation de la loi morale. Cette ambiguïté que découvre Adorno explique pour une part son rapport complexe à la théorie morale kantienne qui contient, d'après lui, bien plus que ce qu'elle n'expose dans ses thèses.

Le problème fondamental de la philosophie morale n'est donc plus seulement la liberté mais l'enchevêtrement de la liberté et de la non-liberté. Adorno soutient fermement cette thèse, qui, au demeurant, reste un problème. Pour l'étudier, il s'écarte de la méthode de clarification fondée sur la logique formelle[26] en suivant une « dialectique philosophique » qui prend en compte la dimension historique[27]. La dialectique n'a évidemment pas le sens kantien de « logique de l'apparence »[28] qui signale une ratiocination vide, elle met à nu les contradictions qui sont dans les choses grâce à une autoréflexion qui découvre le non-identique masqué sous le principe d'identité et elle assume les contradictions inhérentes à la réalité sociale[29]. Ainsi, au lieu d'essayer de supprimer la contradiction, un examen critique de la morale amène à en prendre la mesure jusqu'au bout.

23. /T. W. Adorno, *Dialectique négative, op. cit.*, p. 176.
24. *Ibid.*
25. *Ibid.*, p. 204.
26. M. Horkheimer, *Théorie traditionnelle et théorie critique* [1937], trad. C. Maillard et S. Muller, Paris, Gallimard, 1974, p. 43.
27. T. W. Adorno, *Probleme der Moralphilosophie, op. cit.*, p. 50 sq.
28. Kant, *Critique de la raison pure, op. cit.*, AK III, 81, p. 150.
29. T. W. Adorno, *Dialectique négative, op. cit.*, p. 315 sq. ; T. W. Adorno, *Probleme der Moralphilosophie, op. cit.*, p. 51. Voir J. Ritsert, *Summa Dialectica. Ein Lehrbuch zur Dialektik*, Weinheim, Beltz Juventa, 2017, p. 199-214.

Les écrits adorniens contemporains de la période de rédaction de la *Dialectique négative* consacrent alors de nombreux passages à l'examen du concept *d'autonomie,* qui est la clé de voûte de l'édifice pratique kantien, et qui contiendrait en lui l'ensemble des contradictions de la théorie morale en reposant sur la « relation de la loi et de la liberté »[30]. La douzième conférence de *Probleme der Moralphilosophie* s'y intéresse en particulier[31]. Examinons la page de cette leçon visant à expliquer la phrase suivante : « L'entrelacement de la liberté et de la loi présenté par Kant est à prendre au sérieux; ce n'est pas une simple idéologie »[32].

Affirmer de façon abstraite que la loi [*Gesetz*] est la négation de la liberté ne correspond pas à l'état des choses. En effet, un état absolument sans loi serait également non libre, et chacun serait exposé à l'oppression de tous par tous. Ce serait le « *bellum omnium contra omnes* » de la philosophie de l'État de Hobbes. La situation postulée d'absence absolue de loi et de liberté est d'emblée un état de non liberté. Il en va de même pour la liberté intérieure. Si les êtres humains satisfont leurs besoins sans avoir le sens des réalités et sans contrôler leurs egos, ils deviennent dépendants d'eux-mêmes et donc non libres. Le toxicomane est le cas extrême, il ne peut renoncer à ses besoins qui portent directement atteinte à sa propre conservation. L'idée selon laquelle la liberté absolue, qui n'est pas en soi une liberté déterminée, signifie la négation de la liberté n'est pas la trouvaille d'un maître d'école puritain mais comporte un élément de vérité. L'entrelacement de la liberté et de la loi est à prendre au sérieux; ce n'est pas une simple idéologie. D'un autre côté, il y a toujours déjà dans l'idée de loi un potentiel contre la liberté. La loi en tant que détermination complète ne tolérant aucune exception a en soi quelque chose de totalitaire et elle agit sur les êtres humains sous la forme d'une contrainte, alors que cette contrainte ne s'appuie pas sur un élément rationnel. Tant qu'elle reste limitée, la liberté est sur le fil du rasoir, susceptible de disparaître complètement. La sphère du droit [*Recht*], même lorsqu'elle existe pour répondre formellement à l'idée de protéger et de garantir la liberté, a d'elle-même tendance à supprimer la liberté. La relation entre la liberté et la loi ne présente pas un équilibre bien pondéré et rationnel, au contraire des éléments dynamiques sont en jeu des deux côtés. Ce qu'appréhende la loi ce sont les énergies pulsionnelles des êtres humains, qui doivent bien être contenues mais pas être sublimées entièrement. D'un autre côté, une instance psychologique qui est nourrie par des énergies séparées comme le sur-moi tend à devenir absolue et à restreindre la liberté. Il n'y a donc pas d'équilibre. Comme la loi a tendance à s'affirmer davantage que la liberté, il s'agit de faire attention et de rester vigilants contre une fétichisation de la loi et des normes juridiques, soutenue par exemple au nom de l'aspect irrévocable des décisions une fois prises[33].

Adorno rejoint Kant pour dire qu'en l'absence d'une loi que la volonté se donnerait à elle-même, il n'y a que du déterminisme; nous sommes sujets aux influences extérieures, à la tutelle des autres. Et de façon remarquable, en analysant la loi morale dans les termes généraux de la légalité, Adorno étend

30. T. W. Adorno, *Probleme der Moralphilosophie, op. cit.,* p. 57.
31. *Ibid.,* p. 180-186.
32. *Ibid.,* p. 181.
33 *Ibid.,* notre traduction.

ADORNO ET LA DIALECTIQUE DE LA LIBERTÉ

■

son propos au-delà du champ moral centré sur l'individu. Il trace une analogie entre les niveaux collectif et individuel : l'absence de droit débouche sur l'état anarchique de la guerre de chacun contre chacun présenté par Hobbes dans le chapitre treize du *Léviathan* ; l'absence de principe de réalité, thématisé par Freud, donne lieu à la tyrannie des désirs addictifs [34].

Cette relation somme toute positive entre la loi morale et la liberté est contrebalancée par un constat entièrement opposé, qui cette fois s'éloigne de Kant et prend des accents freudiens. Par définition, une loi vient canaliser, réguler les énergies individuelles, aussi demeure-t-elle une contrainte – ce que Kant indiquait – et à ce titre, contre ce que soutient Kant cette fois, la loi morale représente une « menace potentielle pour la liberté » [35]. Kant aurait sublimé l'obligation au point d'interpréter en un sens toujours positif le rapport entre la forme contraignante du devoir et la liberté (dans le sens d'une répression de l'amour-propre et d'un accomplissement de l'autonomie). La lecture d'Adorno révèle l'unilatéralité de la position kantienne qui n'envisage à aucun moment l'éventualité que la loi morale puisse avoir un effet répressif sur la liberté : « La sphère de la loi même lorsqu'elle sert formellement l'idée de protéger et de garantir la liberté contient la tendance à abolir la liberté » [36].

Tout en critiquant le regard sélectif de Kant qui résout harmonieusement la tension entre loi et liberté, Adorno, dans ce passage de la douzième conférence, examine à nouveau la loi morale à l'aune du concept plus général de « loi », ce qui lui permet de tirer des conséquences aussi bien sur le plan individuel que collectif. Lorsque l'on connaît les critiques acerbes formulées par Adorno à l'endroit du libéralisme politique, il paraît clair que sa critique de l'approche kantienne de la loi (morale) s'en prend tout autant à l'État de droit libéral qu'elle révèle la manière dont les consciences psychiques des sujets modernes sont excessivement réprimées par leur surmoi. La référence à l'État de droit libéral propre à la société bourgeoise, que suggère, à nos yeux, cet effet de la loi sur la liberté apporte un éclairage particulier à la lecture adornienne de la loi morale. Nous allons clarifier ce point.

Après avoir rappelé les rapports contraires qu'entretiennent la loi et la liberté et que présuppose le concept d'autonomie, la douzième leçon des *Probleme der Moralphilosophie* met en exergue la similitude que la loi morale a avec une règle de droit. Pour ce faire, Adorno relie, selon nous, deux conceptions du droit : la lecture classique de la loi comme commandement [37] et le lexique moderne de la norme qui caractérise les énoncés prescriptifs de la morale aussi bien que les règles de droit. Si le lexique de la norme rend possible une application aussi bien éthique que juridique de la « loi morale » (comme le souhaite Kant), la lecture impérativiste de la loi, qui peut se dire dans les termes du droit naturel (avec Thomas d'Aquin) ou dans une conception

---

34. S. Freud, « Formulations sur les deux principes du cours des événements psychiques », trad. J. Laplanche, in *Névrose, psychose et perversion*, Paris, PUF, 1973, p. 135-143.
35. T. W. Adorno, *Probleme der Moralphilosophie, op. cit.*, p. 181.
36. *Ibid.*
37. Voir Thomas d'Aquin, *Somme théologique, La Loi, 1a 2ae Pars, Questions 90-97*, trad. M.-J. Laversin, Paris, Desclée, 1935, Question 93 et J. Austin, *The Province of Jurisprudence Determined*, Cambridge, Cambridge University Press, 1995, Lecture 1.

juspositiviste (avec John Austin)[38], fait de la loi morale une expression du droit. Cette dernière lecture dépasse évidemment l'intention de Kant qui est de fonder l'autonomie de l'éthique autant que celle du droit sur le concept de liberté, comme le rappelle l'introduction à la *Métaphysique des Mœurs*. Mais force est de constater que la manifestation du devoir-être par un impératif autorise *aussi* cette dernière lecture subsumant la loi morale sous le concept de droit. Les commentaires adorniens semblent précisément avoir perçu comment une telle lecture ne peut être si vite écartée pour définir la position kantienne. En d'autres termes, tout porte à croire qu'Adorno découvre un fondement juridique au cœur de la théorie morale kantienne.

La *Dialectique négative* rend compte, selon nous, de la juridicisation de la morale kantienne d'une autre manière lorsqu'elle mentionne la « fiction de la liberté positive »[39]. En qualifiant la liberté positive de « comme si », Adorno semble faire écho à la lecture que fait Hans Vahinger de la philosophie kantienne en la présentant comme une *Philosophie du comme si* (1911). À la différence près qu'Adorno perçoit les conséquences théoriques (pour la philosophie kantienne) mais aussi psychosociologiques de l'oubli du « comme si » : les individus socialisés se trompent en pensant que ce modèle de liberté positive est un donné. En qualifiant la liberté de « fiction », Adorno conduit à tirer également des conséquences sur les notions de responsabilité et d'imputation : leur fondement est fragilisé, et avec lui, le fondement de la « justice et du châtiment » que la *Dialectique négative* trouve au cœur des éthiques classiques[40]. Selon le théoricien de l'École de Francfort, toute tentative de résolution de la troisième antinomie qui consiste à affirmer l'existence de la liberté revient à créer l'illusion d'une règle d'autodétermination et à favoriser les conditions idéologiques de la répression collective. En résumé, l'analyse adornienne montre comment la liberté, posée par la régulation sociale et dont la représentation sert à asseoir l'obéissance[41], n'est qu'une fiction juridique. Il ne nous semble pas exagéré d'affirmer qu'aux yeux d'Adorno la morale *positive* de Kant (mais non l'ensemble du questionnement moral kantien) est une doctrine du droit.

> Aux yeux d'Adorno, la morale positive de Kant est une doctrine du droit

Récusant la présentation kantienne qui fait de l'impératif catégorique le fondement de deux champs normatifs distincts, Adorno montre ainsi qu'il n'y a pas d'autonomie normative de la morale et du droit[42], mais que le fondement

---

38. Dans une conception de droit naturel, loi morale et droit sont dans une continuité indistincte ; pour un juspositivisme, la loi morale ne serait qu'un nom pour désigner une loi juridique comme une autre, posée par le législateur.

39. T. W. Adorno, *Dialectique négative*, op. cit., p. 182.

40. *Ibid.*, p. 167. On peut interpréter ainsi le fait que la troisième partie de la *Dialectique négative* s'ouvre sur cette question.

41. *Ibid.*, p. 183.

42. Le lexique kantien est l'inverse du nôtre : ce que nous nommons « morale » est désigné par le terme d'« éthique » dans la *Métaphysique des mœurs* et « l'éthique », au sens de théorie morale, désigne la « morale » chez Kant (voir *Projet de paix perpétuelle*, appendice). Voir J.-F. Kervégan, *La raison des normes. Essai sur Kant*, Paris, Vrin, 2015.

moral découvert par Kant est un fondement juridique. On ne peut donc plus adhérer selon lui à la distinction de la *Métaphysique des Mœurs* selon laquelle le droit régit la liberté sous son aspect extérieur et l'éthique concerne la liberté sous son aspect intérieur. À suivre Adorno, la liberté perçue dans son rapport à la loi morale est une liberté sans subjectivité, sans moi intérieur – et là se loge l'aliénation –, c'est une liberté qui se dit dans les termes de l'extériorité, dans le langage universel du droit – instrument de la répression. La liberté de l'agent moral que décrit Kant semble se réduire uniquement à la liberté de sujets soumis au droit, de sujets de droit.

Dans *Kants Kritik der reinen Vernunft* (1959), Adorno tire la conclusion suivante de l'autonomie comme définition formelle de la liberté, caractéristique de la société bourgeoise : « la liberté formelle [est celle] des sujets juridiques [, elle] fonde en réalité la dépendance de tout vis-à-vis de tout, le caractère coercitif de la société, sa conformité avec le droit »[43]. En présentant une morale abstraite et rationnelle, le formalisme kantien opère donc, suivant Adorno, la transformation de la morale en droit. La *Dialectique négative* est encore plus explicite sur ce point : le « formalisme de l'éthique kantienne […] fait valoir la norme générale du droit »[44]. Avec l'idée que la liberté est liberté formelle ou autonomie, Adorno suggère que l'intériorisation des règles sociales de droit, et surtout de leur esprit, devient telle qu'il n'y a plus de place pour un jugement moral. Des consciences « juridicisées » en quelque sorte, qui font un avec la société, ou qui ne présentent plus de « non-identique irréductible »[45], ont intériorisé les règles de la répression.

En maintenant le dualisme de la liberté et de la non-liberté, Adorno renvoie dos à dos deux lectures contraires : la réduction déterministe qui rabat l'ordre des raisons sur l'ordre des causes *et* la réduction volontariste ou légaliste qui oublie que l'ordre des causes est mêlé à l'ordre des raisons. Ces deux interprétations *facilitent* en effet pareillement l'omnipotence de la société sur l'individu. Si la première réduction donne des bases au naturalisme, comme le note Jürgen Habermas dans son article « "Je suis bien moi-même une parcelle de la nature" – Adorno sur l'intrication de la nature et de la raison. Réflexions sur le rapport entre la liberté et ce dont il est impossible de disposer »[46], la seconde, que nous avons mise à nu ici, soutient une juridicisation des rapports sociaux qui, en faisant croire que les lois ont un caractère spontané, est répressive.

Les coordonnées de la morale

Les critiques d'Adorno déconstruisent l'édifice pratique kantien, et à travers lui toute théorie morale, puisque la « philosophie morale kantienne est la philosophie morale par excellence », pour reprendre le mot de *Probleme der Moralphilosophie*. Cette affirmation est déconcertante. Il y a lieu de se demander si *une* philosophie morale, quelle qu'elle soit, est encore possible.

43. T. W. Adorno, *Kants Kritik der reinen Vernunft*, Francfort, Suhrkamp, 1995, p. 88 [notre traduction].
44. T. W. Adorno, *Dialectique négative, op. cit.*, p. 186.
45. *Ibid.*, p. 189.
46. J. Habermas, *Entre naturalisme et religion. Les défis de la démocratie*, trad. C. Bouchindhomme et A. Dupeyrix, Paris, Gallimard, 2008, p. 126 *sq.*

Afin de répondre à cette interrogation, il n'est pas inutile de noter que l'examen métacritique de la raison pratique, s'il ne débouche pas sur une reformulation de l'éthique kantienne par d'autres moyens, adopte cependant l'économie générale de celle-ci en attribuant aux motifs centraux de Kant une fonction épistémologique analogue tout en les redéfinissant : c'est le cas des notions de liberté, de volonté et de spontanéité ainsi que de l'impératif catégorique. Ces concepts ne sont pas vidés de leur substance, ils sont redéfinis dans une configuration qui conserve leur fonction pour la compréhension de la morale. Nous allons, dans un second moment, regarder de plus près chacune de ces notions et les changements opérés par Adorno les concernant.

À propos du concept de liberté, on peut se demander si l'idée d'une dialectique de la liberté se manifestant différemment à travers l'histoire apporte un élément nouveau au problème de l'obligation morale ressentie par des sujets individuels. Indépendamment de l'examen métaphysique, l'idée que la liberté et le déterminisme ne sont pas des options alternatives définitives au niveau individuel mais que leur opposition se rejoue constamment dans le conflit entre loi morale et présomption de l'amour de soi[47] est présente chez Kant. Mais si l'issue du conflit est incertaine pour cet auteur, la voie à suivre reste claire. C'est là un point de divergence avec la position adornienne. En effet, l'insistance sur la dynamique dialectique qui fait émerger des éléments de liberté dans un état de non-liberté rend compte de la confusion qui entoure les situations morales ; non pas que ces dernières offrent forcément une « complexité » épistémique[48], mais parce que l'incertitude concernant la pseudo-volonté libre n'est pas dissipée une fois pour toutes.

Toutefois, même s'il la déplore pour ses effets répressifs, Adorno tient pour vrai l'idée kantienne selon laquelle il n'y a de responsabilité qu'à condition de postuler une liberté. Sans le postulat de la liberté, il n'y a aucune base permettant de réprouver les crimes d'Auschwitz ou d'empêcher qu'une telle horreur survienne à nouveau[49]. En même temps, et c'est toute la difficulté saisie par Adorno, il n'y a pas de place pour une liberté individuelle éthique dans une société répressive. Dans des conditions sociales ne laissant pas de place au non-identique, « la non-liberté a préséance sur la liberté »[50].

L'aporie mise au jour par Adorno qui entache la question de la liberté – on ne peut ni postuler de liberté dans un régime autoritaire, ni envisager sa disparition complète – empêche en toute rigueur de parler de situation morale. L'auteur de la *Dialectique négative* semble nous dire qu'on aurait beau jeu de mettre en évidence les coordonnées d'une situation morale une fois modifié le contexte social et en toute ignorance des termes dans lesquels elle s'est présentée aux consciences. N'acceptant sans doute pas toutes les conséquences morales relativistes de cette vue auxquelles il est difficile de répondre et qui sont très problématiques étant donné l'horreur absolue des camps d'extermination, *Zur Lehre von der Geschichte und von*

47. Kant, *Critique de la raison pratique*, op. cit., l. I, chap. 3.
48. A. Wellmer, *Ethik und Dialog. Elemente des moralischen Urteils bei Kant und in der Diskursethik*, Francfort, Suhrkamp, 1986.
49. T. W. Adorno, *Zur Lehre von der Geschichte und von der Freiheit*, Francfort, Suhrkamp, 2001, p. 280 *sq.*
50. T. W. Adorno, *Dialectique négative*, op. cit., p. 189.

der Freiheit suggère qu'il reste possible de parler d'obligation morale si l'on envisage l'existence de manifestations, plus ou moins imparfaites, plus ou moins étouffées, de liberté : « Si Auschwitz a pu arriver en premier lieu, c'est probablement parce qu'aucune liberté véritable n'existait encore »[51]. Il paraît possible d'envisager un *continuum* de degrés de liberté à travers l'histoire, en considérant que des éléments de liberté sont toujours aux prises avec une non-liberté. L'approche de Kant est donc modifiée dans la lecture adornienne par la psychanalyse freudienne – la liberté est plus ou moins réprimée – et par une philosophie de l'histoire sans idée de progrès – la liberté n'est pas une propriété individuelle mais dépend d'un contexte socio-historique.

En un sens, il ne reste pas grand-chose de la conception kantienne après son examen « métacritique » ; le postulat de la liberté devient l'exigence inaccessible d'une éthique formelle et individualiste, seules des traces de liberté sont repérables à la marge. La liberté n'est perceptible que comme « négation déterminée »[52] des formes sociales qui empêchent les conditions mêmes de son apparition. Ou encore, note la *Dialectique négative*, « la liberté devient concrète à partir des formes changeantes de la répression : en s'opposant à elles »[53]. Alors que l'autonomie kantienne semble le résultat d'un moi fort qui sort vainqueur de toute influence empirique[54], les formes de liberté se manifestant par une négation déterminée restent prises dans un processus conflictuel : un acte libre est une percée provisoire et peut-être illusoire hors de la non-liberté, puisque l'individualité qu'il exprime est elle-même un « moment de la société marchande »[55].

La perception de formes de liberté dues à une négation déterminée suppose de revoir le mode de détermination de la volonté. L'alternative (kantienne) non contradictoire entre une volonté pure déterminée par la raison et une volonté hétéronome déterminée par des intérêts empiriques rate, selon Adorno, le principe même de la volonté qui, « force de la conscience »[56], peut transformer cette dernière en résistance. L'incongruité du partage strict consiste à faire de la conscience pure le lieu de la volonté sans prendre en compte le fait qu'à travers l'imagination celle-ci est au contact du corps. La dimension psychosomatique des sujets empiriques oblige à ne plus abstraire la volonté des impulsions corporelles et des énergies pulsionnelles. En isolant la volonté de son environnement social et de la médiation du corps, en la caractérisant par la logique d'une raison (pratique) pure, Kant et, avec lui, toute la conception rationaliste depuis Descartes ratent, suivant Adorno, la manière dont la volonté est engagée dans une dialectique opposant le mental et l'extra-mental.

Sans cette représentation d'une « détermination dialectique de la volonté »[57], l'indice même de la liberté comme épiphénomène ou rupture de l'enchaînement causal, à savoir la spontanéité, devient pur mécanisme. En

51. T. W. Adorno, *Zur Lehre von der Geschichte und von der Freiheit, op. cit.*, p. 279 [notre traduction].
52. T. W. Adorno, *Dialectique négative, op. cit.*, p. 182.
53. *Ibid.*, p. 207.
54. Kant, *Critique de la raison pratique, op. cit.*, l. I, chap. 1, § 8, AK V, 33, p. 130 *sq.*
55. T. W. Adorno, *Dialectique négative, op. cit.*, p. 206.
56. *Ibid.*, p. 190.
57. *Ibid.*

attribuant la spontanéité à la conscience pure d'un sujet suivant les lois de la raison, Kant commet l'erreur de réintroduire subrepticement la causalité qu'il avait rejetée comme expression du déterminisme, dans le rapport entre raison et volonté : en tant que loi, la loi morale relève du registre de la causalité. Ainsi la thèse radicale d'une « liberté positive » issue d'une autodétermination de la volonté donne raison à la thèse opposée du déterminisme : la volonté est déterminée par la raison pratique pure dont la logique, si l'on suit à la lettre l'idée kantienne de l'unité de la raison pure[58], relève de la causalité. La volonté pure se révèle être l'intériorisation de la répression externe.

Comment sortir de cette impasse ? Paradoxalement, Adorno trouve une issue en considérant la volonté comme la faculté d'un sujet empirique. Alors que le risque de déterminisme paraît accru pour une telle volonté, Adorno y répond en réinvestissant la notion de spontanéité.

Davantage que Kant même qui déporte la preuve de la liberté sur la loi morale, Adorno attribue un rôle clé à la spontanéité en tant qu'indice de liberté. L'explication de ce « saut » dans la chaîne causale des événements ne fait plus appel au caractère intelligible des êtres humains mais à une autre conception de la conscience : la conscience psychologique d'un moi dont les énergies pulsionnelles expriment aussi des expériences psychosomatiques. La logique pulsionnelle, réactive, explique l'impulsion dont la volonté n'est pas à l'initiative, mais qu'elle accompagne. Sans la main qui tressaille, « sans l'aspect moteur de la réaction »[59], il n'y a plus de volonté, note Adorno : la question n'est pas que la volonté contrôle le corps ou soit principe actif, comme le conçoit le schéma rationaliste dominant la pensée occidentale, mais que les sujets soient appelés à agir, et soient disposés à suivre une inclination qui ne pourrait pas naître du seul univers rationnel, lequel est perméable à la répression (puisque la loi morale a des similitudes avec le droit) *et* au déterminisme (car la loi de la liberté reste un cas d'espèce de la causalité) – ces deux concepts rendant compte en bout de chaîne du même phénomène social. La spontanéité qui correspond à une « expérience vague »[60] échappe à l'analyse rationnelle en étant fortuite et en exprimant une certaine liaison entre la raison et le corps. C'est là l'« aspect fuyant » du « supplément » (*das Hinzutretende*), caractéristique qui n'est pas problématique puisqu'à la différence du caractère intelligible de Kant, celui-là ne répond pas à la logique de la raison.

Le rapport de la spontanéité à l'action morale fait appel à un troisième terme, signe sans doute que l'approche de la morale resterait subjective et arbitraire sans médiation objective. Il semble que la mention d'un « nouvel impératif catégorique » ait pour fonction d'exhiber un repère objectif. Ce qu'est exactement cet impératif pour Adorno est difficile à saisir, car il échappe à

Kant commet l'erreur de réintroduire la causalité

58. Kant, *Critique de la raison pratique, op. cit.,* AK V, 121, p. 245.
59. T. W. Adorno, *Dialectique négative, op. cit.,* p. 181.
60. *Ibid.,* p. 179.

une conceptualisation complète, mais il exprime sans ambiguïté une nouvelle approche de la morale. L'erreur consisterait à interpréter le nouvel impératif catégorique uniquement avec des catégories kantiennes, même si celles-ci peuvent aider à se repérer dans un premier temps. Inversement, il n'est pas envisageable de voir dans l'impératif adornien une simple parodie de l'impératif kantien ; son contenu ne saurait en effet être pris à la légère : « penser et agir en sorte que Auschwitz ne se répète pas, que rien de semblable n'arrive » [61].

De façon très intuitive, cette formule exprime le devoir inconditionné d'un « jamais plus » valable pour toute l'humanité et à ce titre est bien catégorique et porteuse d'une universalité. La difficulté à faire de l'impératif adornien un principe universel demeure néanmoins et c'est sans doute un aspect recherché par le théoricien critique, soupçonnant tout universel de n'être qu'illusion. L'un des points soutenant cette difficulté vient de ce qu'à l'opposé de l'impératif kantien, formel et rationnel, l'impératif adornien est substantiel et se fonde sur un « sentiment corporel » [62] particulier : le caractère insupportable de la souffrance. On est renvoyé tacitement à la « bonne mimésis » que recèle la rationalité esthétique thématisée dans la *Théorie esthétique* [63] : rompant avec la pensée conceptuelle et avec le mimétisme comportemental, une sensibilité prenant sa source dans l'empathie et réconciliée avec la raison découvre autrui (ou un objet) dans sa différence même [64] et ouvre sur une voie inédite pour répondre à sa présence. À la manière des romans psychologiques ou des récits autobiographiques qui convoquent des traits humains communs en parlant du plus intime de soi – si l'on nous passe cette comparaison –, l'élément le plus subjectif qu'est la douleur revêt un caractère général, justifiant le mouvement qui disposerait chacun à réagir face à son spectacle sans que cette réaction soit garantie. Le sentiment physique suscité par l'exposition de la souffrance est le « moment de surgissement de la moralité » [65] au sens où un sujet prend confusément conscience de quelque chose à travers son corps agi qui réagit.

De la même manière que le « fait de la raison » était indémontrable et faisait du « » Tu ne dois pas » un principe métaphysique, un principe qui vise au-delà de la pure facticité », le nouvel impératif catégorique en appelle à une forme d'absolu pour les sujets empiriques dont la réalité est corporelle. En ce sens, « la métaphysique a glissé dans l'existence matérielle » [66] explique *Métaphysique. Concept et problèmes*. Adorno retient de Kant l'idée que le fondement moral n'est pas déductible [67], ou, pour le dire avec Jean-François Lyotard, que « l'autorité ne se déduit pas » [68]. Si l'on accepte la possibilité d'une mimésis empathique conciliée à la raison, le caractère indémontrable de la morale pose moins de problèmes à l'approche adornienne qu'au cadre

61. T. W. Adorno, *Dialectique négative, op. cit.*, p. 286.
62. T. W. Adorno, *Métaphysique. Concept et problèmes*, trad. C. David, Paris, Payot, 2006, p. 173.
63. T. W. Adorno, *Ästhetische Theorie*, Francfort, Suhrkamp, p. 326. Voir J. Früchtl, *Mimesis. Konstellation eines Zentralbegriffs*, Königshausen & Neumann, 1986 et Jürgen Ritsert, *op. cit*, p. 204-207.
64. A. Honneth, « The Other of Justice », trad. John Farrell, *in* S. K. White (ed.), *The Cambridge Companion to Habermas*, Cambridge, Cambridge University Press, 1995, p. 289-323, ici : p. 299.
65. T. W. Adorno, *Dialectique négative, op. cit.*, p. 286.
66. T. W. Adorno, *Métaphysique. Concept et problèmes, op. cit.*
67. F. Freyenhagen, *Adorno's Practical Philosophy*, Cambridge, Cambridge University Press, 2013, p. 117.
68. J.-F. Lyotard, *Le différend*, Paris, éd. de Minuit, 1983, § 203-204.

kantien : la morale n'étant plus un produit de la raison, mais issue d'un sentiment corporel – on lit même « fondée par »[69] –, l'aspect indéductible de la morale ne met pas la raison en porte-à-faux avec elle-même. L'impératif matériel « extralogique »[70] est le fait du corps, comme l'impératif formel est le fait de la raison. Sans doute est-il impossible de démontrer que l'impératif matériel a les caractéristiques requises pour fonder une morale universelle (ce qui rend son statut contestable pour un kantien), mais il est tout aussi difficile de nier l'évidence du devoir qu'il impose, à savoir l'attention minimale que requiert tout être corporel du fait de sa sensibilité. La difficulté qu'il y a à exprimer dans un langage conceptuel l'impératif adornien n'est pas non plus un défaut ; elle correspond à l'esprit même de la dialectique négative qui s'est donnée pour tâche de « mettre à jour le non-conceptuel au moyen de concepts sans l'assimiler à eux »[71].

En ce qui concerne la question de la détermination de la volonté, l'impératif catégorique et l'impératif extralogique n'apportent pas plus l'un que l'autre la garantie qu'une action sera motivée par eux ; une différence est à noter toutefois : l'impuissance de la volonté chez Kant concerne sa faiblesse à pouvoir motiver l'action, tandis que pour Adorno l'impuissance de la volonté questionne sa structure même. Le test d'universalisation de la « typique de la faculté de juger pratique » apporte une justification aux normes morales en supposant la totalité harmonieuse du royaume des fins, le nouvel impératif catégorique se comprend par opposition à un « faux collectif »[72].

En suivant l'économie générale de l'éthique kantienne, la conception adornienne répond en tout point à celle-ci, et à travers elle à toute philosophie morale. Contre toute morale positive, Adorno révèle bien l'absence de sécurité qui caractérise la morale[73] : la réponse de la volonté mue par l'impulsion corporelle fait état d'un rapport tragique au monde en ce que rien n'assure qu'elle soit le fruit d'un acte spontané libéré de la réification totale. Kant expose les conditions de possibilité de la morale dans un monde non totalement empreint de barbarie ; Adorno se demande si une action libre est encore possible lorsque la culture a échoué. Les traces de la liberté sont repérées dans des expressions du refoulé, dans « le souvenir de ce qui a été éliminé »[74] ; et la question demeure ouverte de savoir si, à l'occasion même de leur manifestation, ces formes de liberté ne seront pas l'expression d'une nouvelle barbarie – ce qui traduit sur le plan moral la chute de la métaphysique[75].

Les faiblesses de la théorie morale kantienne sont occultées ou minimisées par le cadre d'une éthique volontariste : le présupposé de la liberté, l'incertitude cognitive concernant la motivation d'une action, et plus généralement l'incapacité à dire *s'il y aura jamais* une action morale en ce monde[76]. Tout en exhibant ces points laissés en suspens, Adorno révèle le caractère

69. T. W. Adorno, *Métaphysique. Concept et problèmes, op. cit.,* p. 173.
70. *Ibid.*
71. T. W. Adorno, *Dialectique négative, op. cit.,* p. 16.
72. *Ibid.,* p. 221.
73. *Ibid.,* p. 190.
74. *Ibid.,* p. 181.
75. *Ibid.,* p. 317.
76. Kant, *Théorie et pratique,* trad. F. Proust, Paris, GF, AK VIII, 284, p. 56.

aporétique de la morale même, en demandant si morale il *peut y* avoir, si même cette possibilité envisagée par Kant n'est pas pure spéculation. L'envers de la conception adornienne est, semble-t-il, de pouvoir excuser l'inaction.

En conclusion, malgré les critiques qu'il adresse à la conception kantienne de la morale, Adorno retient d'elle son apport épistémologique. Elle a su clarifier les coordonnées du problème moral en découvrant l'antinomie de la liberté [77]. En repensant la morale après Auschwitz, Adorno ne se contente pas de montrer l'insuffisance de la liberté positive postulée par Kant, qui transforme la morale en droit et facilite l'intériorisation de la répression. S'en prenant à toute morale positive, la *Dialectique négative* révèle la fragilité inhérente à la morale : sentiment corporel éveillant la volonté et dialectique de la liberté ne donnent des indices que de ce qui *ne* doit *pas* être, mais non de ce qui doit être. Par définition, comme l'examen métacritique l'a montré, la morale reste liée à une critique dénonciatrice dont la qualité incontestable réside dans le fait qu'elle offre des éléments pour identifier le non-sens [78].

Isabelle Aubert
Université Paris 1 Panthéon-Sorbonne, ISJPS

---

[77]. T. W. Adorno, *Métaphysique. Concepts et problèmes, op. cit.*, 15ᵉ leçon ; voir A. Wellmer, « Solidarity with Metaphysics after its Fall » (1988), in *Endgames : The Irreconcilable Nature of Modernity. Essays and Lectures*, trad. D. Migley, Cambridge (MA), The MIT Press, 1998, p. 183-202, ici : p. 184.

[78]. Cette expression d'Albrecht Wellmer (*Ethik und Dialog, op. cit.*, p. 127) prend un sens élargi ici. Il parle quant à lui d'une éthique « éliminant le non-sens » et y voit là la tâche d'une éthique faillibiliste de la discussion.

LES INTROUVABLES DES CAHIERS

ADORNO ET L'UTOPIE : RETOURS ET DÉTOURS

S. D. Chrostowska

> Le titre de cet article suggère un rapprochement entre Theodor W. Adorno et l'utopie – une association qui est susceptible de rencontrer quelques oppositions. Néanmoins, l'utopisme joue un rôle central dans la critique sociale chez Adorno, bien qu'il puisse être opposé à toute concrétisation normative d'un futur social utopique. Afin de démontrer l'importance de l'utopie dans l'œuvre d'Adorno, la discussion fera référence à plusieurs passages ou périodes de sa pensée, et notamment ses réflexions critiques basées sur les travaux de Walter Benjamin, Thorstein Veblen, Oswald Spengler, et Aldous Huxley. Je choisis pour épigraphe un extrait de *La dialectique de la raison* : « Ce qui est en cause, ce n'est pas la conservation du passé, mais le rachat [*Einlösung*] des espérances du passé »[1]. C'est un extrait que je partage volontiers avec un autre auteur, dont les efforts pour refaçonner l'élément nostalgique et utopique chez Adorno méritent d'être réexaminés.

Pour aborder l'utopisme chez Adorno sans en réduire immédiatement la complexité, il est nécessaire de distinguer l'utopie de la nostalgie dans sa pensée : d'une part, sa nostalgie de périodes spécifiques dans le passé préindustriel, alimentant sinon l'aspect le plus acéré de sa critique, du moins une dimension critique, et d'autre part l'impulsion utopique essentiellement critique de ses réflexions. Par ailleurs, il ne faut pas non plus oublier que nostalgie et utopie sont des concepts complémentaires, qui, d'une certaine manière, se tiennent dos à dos, telles des inversions dialectiques mutuelles. Etymologiquement, *nostalgie* est composé de *nostos* (« retour au pays », ou à un lieu que l'on a quitté, ou perdu,

---

1. M. Horkheimer, T. W. Adorno, *Dialectique de la Raison*, traduit par É. Kaufholz, Paris, Gallimard, 2013, p. 19, la traduction a été légèrement modifiée. (*Einlösung* s'entend dans le sens financier, c'est-à-dire rédemption comme rachat, et diffère ainsi du terme religieux *Erlösung*.) Cet extrait est également cité dans l'article de Calvin Thomas, « A Knowledge That Would Not Be Power : Adorno, Nostalgia, and the Historicity of the Musical Subject », *New German Critique*, no. 48 (1989), p. 162.

CAHIERS PHILOSOPHIQUES ▶ n° 154 / 3ᵉ trimestre 2018

auquel on appartient, et donc que l'on désire retrouver) et d'*algia* (« douleur », la douleur du désir). *Utopie*, ou *eutopie*, jeu de mots de Thomas More, est composé d'un préfixe qui – tant dans son sens négatif (u-) qu'affirmatif (eu-, signifiant « bonheur ») – offre une antithèse à la douleur. La racine, *topos*, désigne simplement un « lieu », libéré de tout désir (qu'il satisfait), plutôt que marqué par ce désir, comme c'est le cas pour le « pays » du désir nostalgique. Le *topos* est un « lieu » toujours inhabité (contrairement au « site », qui est primordialement le pays)[2]. Le lien entre nostalgie et utopie n'est donc pas tant spatial, que temporel et affectif. L'histoire, à la fois collective et individuelle, les met en relation chiasmatique : la douleur résultant du désir de retrouver ce « pays perdu » métaphorique, pour une « totalité originelle », cherche à être transformée en la joie d'espérer trouver un pur lieu de paix éternelle, de bonheur non-réfléchi, mais naturel, et non-conscient de lui-même.

Il est important de souligner d'emblée que la nostalgie chez Adorno n'est pas *restauratrice* – pour reprendre ici la catégorie de Svetlana Boym – qui « spatialise le temps », rétablit et « tente une reconstruction transhistorique du "pays perdu" », du lieu appelé pays. Cette « nostalgie non-réfléchie crée des monstres. » La nostalgie chez Adorno est, en revanche, *réflexive* (la deuxième catégorie de Boym) : une nostalgie qui repose sur le désir en tant que tel et ne cherche pas une restauration comme « retour au pays » (le terme « *ré-flexion* suggère une nouvelle flexibilité, et non le rétablissement de l'inertie »)[3]. Adorno, bien entendu, revient avec nostalgie à une époque où la vie vivait toujours, mais ne précise pas s'il récupérerait ou rendrait accessibles certains aspects concrets de l'histoire, qui survivent dans le présent principalement comme « souffrances du passé »[4]! La nostalgie du passé lui sert plutôt de manière réflexive de moyen d'investigation critique et philosophique du présent, et de mode de résistance au présent. Comme Adorno le fait remarquer dans les premières lignes de *Dialectique négative*, la survie de la philosophie est garantie car le moment de sa réalisation fut manqué. Reconnaître un tel moment serait « simplement » nostalgique, si la philosophie ne lui offrait pas une possibilité continue, qui projette dans le futur un négatif de l'opportunité perdue – retournant la philosophie contre son propre passé – pour transformer le monde. La non-réalisation, l'actualité et la pertinence temporelle (*timeliness*) de la philosophie (c'est-à-dire la conscience d'avoir manqué le moment de l'action, quand la philosophie « parut jadis dépassée »[5]) sont ainsi reflétés sans image dans le non-lieu, le *topos*

2. Le terme « non-lieu » peut être compris comme une négation de lieux existants, mais aussi comme négation de l'existence dans un lieu, négation de l'existence d'une place en tant que telle. D'après Freud dans *Au-delà du principe de plaisir* (*Jenseits des Lustprinzips*, 1920), l'utopie du vide se comprend comme celle des fins biologiques atteintes. Il est important de souligner cette ambiguïté cruciale dans l'utopie dans la mesure où elle est probablement pertinente pour comprendre l'utopie chez Adorno, qui s'en remettait souvent à Freud. Freud oppose « les pulsions d'ego ou pulsions de mort » aux « pulsions sexuelles ou pulsions de vie » : celles qui, dirigées de manière immanente et intérieure, « cherchent à conduire la vie à la mort », l'emportant sur celles qui, programmées pour la reproduction, « tendent et parviennent à renouveler la vie » (*Au-delà du principe de plaisir*, traduit par J. Laplanche et J.B. Pontalis, *Essais de psychanalyse*, Paris, Payot, 2001, p. 102).

3. S. Boym, *The Future of Nostalgia*, New York, Basic, 2001, XVIII, XVI, p. 49. Lorsque l'ouvrage cité n'est pas publié en français, il s'agit de ma traduction (*N.d. T.*).

4. T. W. Adorno, *Minima moralia : réflexions sur la vie mutilée*, traduit par É. Kaufholz et J.-R. Ladmiral, Paris, Payot, 2001, p. 63.

5. T. W. Adorno, *Dialectique négative*, traduit par G. Coffin *et al.*, Paris, Payot, 2003, p. 11.

intemporel manquant de l'utopie. (Nous pouvons renommer la philosophie « utopie de la pensée », puisque, comme le remarque Adorno, « La pensée est bonheur, même encore là où elle détermine le malheur : en l'exprimant »[6].)

« La pensée attend qu'un jour le souvenir de ce qui a été manqué vienne la tirer du sommeil et la transforme en leçon philosophique » pouvons-nous lire dans *Minima Moralia*[7]. Le chemin menant à la possibilité de penser le monde en termes utopiques, comme lieu de liberté et de bonheur potentiellement universels, est tortueux, et ne mène à aucune affirmation. La pensée « attend », en sommeil, dénuée du désir que représente l'utopie, et ce qu'elle attend, c'est bien le passé (cette partie désormais manquante) plutôt que le futur. Il s'agit d'une somnolence alerte, attendant le mouvement intérieur du souvenir activé comme remémoration. Qui plus est, cette pensée en attente est simultanément une sorte de désir pour sa propre transformation en *Lehre* (enseignement, apprentissage) – le type de théorie constructive qui pourrait inspirer la pratique. Comme le suggère le passage ci-dessus extrait de *Minima Moralia*, le désir d'Adorno de retrouver l'utopie – « l'autre face de l'histoire », l'autre face des souffrances, selon l'expression de Miguel Abensour[8] – en tant que principe d'action historique est nostalgique, dans la mesure où le « réveil » de la pensée dépend de la remémoration. La pensée doit être éveillée par une *Lücke*, une lacune de la mémoire, par quelque chose de manquant, et, de ce fait, par ce qui lui manque (affectivement) quand elle s'en souvient ou quand elle comble cette lacune.[9] La nostalgie fonctionne comme un principe critique qui mène la pensée à l'éveil, au moment où le désir utopique prend le pas comme principe de transformation sociopolitique. Le but ultime d'une telle nostalgie est de dériver du passé le sens perdu d'*espérance – Kennwort* (mot de code) légèrement euphémique pour utopie – comme croyance en l'indétermination, l'urgence et la potentialité, qui doit être enseignée[10].

Se souvenir et ainsi réactiver le passé à des fins utopiques, au lieu d'activer directement un futur utopique, consiste, dans le mode de pensée dialectique et réflexif d'Adorno, à réactiver un *sens de possibilité* d'action radicale – quelque chose d'actuellement refoulé par le caractère routinier et la rationalisation du *statu quo*. Ce sens de possibilité est nécessaire à l'éveil des potentiels dormants du présent, et avec eux, de la promesse d'un bonheur futur (le radicalisme dans le présent est toujours inactuel ; il ne peut pas être configuré à partir de ce qui est simplement donné, dans son mécanisme et son objectivité pétrifiée). De prime abord, il ne s'agit donc pas d'un dépassement ou d'une émancipation de l'histoire, mais d'une récupération (nostalgique) de son potentiel (utopique) pour la praxis politique. Cette récupération est rédemptrice, plutôt que conservatrice. A cet égard, les affinités d'Adorno avec Benjamin et Ernst Bloch sont indéniables, même si ces derniers ont

6. T. W. Adorno, « Résignation », traduit par N. Gabriel *et al*, *Tumultes*, 2001/2 n°17-18, p. 173-178, ici p. 178.
7. T. W. Adorno, *Minima Moralia*, *op. cit.*, p. 112.
8. Voir ses *Utopiques II : L'homme est un animal utopique* (Arles, Éditions de la Nuit, 2010).
9. *Lücken* [*Lacunes* dans la version française] est le titre de l'aphorisme qui conclut avec la citation de *Minima Moralia* ci-dessus.
10. Le caractère interchangeable des termes « utopie » et « espérance » est évident dans l'œuvre fondamentale d'Ernst Bloch, *Le Principe Espérance* (3 volumes, 1938-47). L'apprentissage de l'espérance est un autre des thèmes communs à Bloch et Adorno.

communiqué dans un registre mystique et comprennent la dialectique entre passé et présent de manière selon lui trop positive [11]. Sa version de la critique rédemptrice entre dans un rapport strictement négatif, quoique indissoluble, avec la négation que représente l'utopie. Sécularisés dans la pensée utopique moderne, l'eschatologie et le messianisme ressurgissent chez Adorno – comme chez Benjamin et Bloch – dans leur conception éthique de la critique comme délivrance, qui se sert de l'interdit biblique des images gravées et rejette le gradualisme progressiste. Le matérialisme – « la nostalgie matérialiste de saisir la chose » « sécularisa [cet interdit] en ne permettant pas qu'on dépeigne positivement l'utopie ; c'est là le contenu de sa négativité. »

> [Le matérialisme] est en accord avec la théologie là où il est le plus matérialiste. Sa nostalgie serait la résurrection de la chair ; elle est tout à fait étrangère à l'idéalisme, royaume de l'esprit absolu. Le point de fuite du matérialisme historique serait son propre dépassement, la libération de l'esprit du primat des besoins matériels au stade de leur réalisation. C'est seulement avec l'impulsion corporelle apaisée que se réconcilierait l'esprit et qu'il deviendrait ce que si longtemps il n'a fait que promettre, alors que sous l'emprise des conditions matérielles il refuse la satisfaction des besoins matériels [12].

Le motif théologique est ainsi dialectiquement intégré dans la critique interne de l'utopisme d'Adorno, se rapprochant de la « radicalisation [rédemptrice] de la dialectique à l'intérieur du noyau incandescent de la théologie » qu'il recommande à Benjamin [13]. Cette opération, qui exploite la généalogie théologique de l'utopie moderne, a pour conséquence la sacralisation de la critique comme force rédemptrice (bien que, il faut l'admettre, cette sacralisation soit moins déclarée que chez ses pairs). De la part de la théologie – tout autant que de la part de l'esthétique – la prétention à la transcendance indique la possibilité d'une autre configuration, et ce geste indicatif survit dans l'anti-idéalisme de la théorie critique [14].

▨ 11. Il est utile de rappeler ici la seconde thèse de Benjamin sur l'histoire : « L'image du bonheur est inséparable de celle de la rédemption. Il en va de même de l'image du passé, dont s'occupe l'histoire. Le passé est marqué d'un indice secret, qui le renvoie à la rédemption... S'il en est ainsi, alors il existe un rendez-vous tacite entre les générations passées et la nôtre. Nous avons été attendus sur la terre. » (« Sur le concept de l'histoire », *Œuvres*, t. III, traduit par M. de Gandillac *et al.*, Paris, Gallimard, 2000, p. 428-429). Quant à la position de Bloch sur la relation du passé au futur, l'utopie est le salut des contenus du désir : « Les barrières dressées entre l'avenir et le passé s'effondrent ainsi d'elles-mêmes, l'avenir non devenu devient visible dans le passé, tandis que du passé vengé et recueilli comme un héritage, du passé médiatisé et mené à bien devient visible dans l'avenir. » (*Le Principe Espérance*, traduit par Fr. Wuilmart, t. I, Paris, Gallimard, 1976, p. 16). Néanmoins, ces trois modalités voient dans le passé « une source vivante pour l'*action* révolutionnaire, pour une *praxis* orientée vers l'accomplissement de l'utopie » (M. Löwy, « Utopie et romantisme révolutionnaire chez Ernst Bloch », *De(s)générations* 11 [2010], p. 85). Löwy apporte un éclairage inestimable sur « la démocratie mystique » et « le messianisme athéiste » de Bloch (« Lumières du romantisme chez Adorno et Bloch », *Europe : Revue littéraire mensuelle*, no. 949 [2008], p. 86).

▨ 12. T. W. Adorno, *Dialectique négative, op. cit.*, p. 252. Ou comme Adorno le formule dans ses cours, le concept du concret doit porter « le poids métaphysique » et l'utopie « a la couleur du concret ». (*History and Freedom : Lectures, 1964-1965*, édité par R. Tiedemann, traduit par R. Livingstone, Cambridge, Polity Press, 2006, p. 253).

▨ 13. T. W. Adorno et W. Benjamin, *Correspondance 1928-1940*, traduit par Ph. Ivernel et G. Petitdemange, édité par H. Lonitz, Paris, Gallimard, 2002, p. 124. Lettre d'Adorno et Gretel Karplus à Benjamin, 2-4 août 1935.

▨ 14. « Néanmoins, on ne peut rien éprouver comme étant vraiment vivant, qui ne promette aussi quelque chose qui transcende la vie... [Le transcendant] est et n'est pas » (Adorno, *Dialectique négative, op. cit.*, p. 454). Adorno évoque le déclin de l'expérience métaphysique, qui ne peut être réduite à l'expérience religieuse, dû à la sécularisation. Ce qu'il en reste, c'est cette attente oisive, qui donne forme à l'incrédulité, « Est-ce donc

La pensée d'Adorno, insufflant ironiquement la profondeur religieuse à la rédemption matérialiste, reconnaît son désir métaphysique ou son « besoin ontologique ». [15] La distance est maintenue avec toute image positive donnée d'un monde meilleur, qu'elle soit passée ou présente. C'est à proprement parler un désir nostalgique pour un désir utopique en tant que tel, pour l'expérience d'une espérance passée dépouillée de son contenu [16]. Plutôt qu'à du temps retrouvé, ce désir aspire à du temps racheté. Le point où la nostalgie rencontre l'utopie est donc aussi celui où elles se croisent, telles les deux faces d'une même pièce. Le potentiel pour la praxis est coupé de tout passé spécifique qui a servi comme modèle *afin de* créer une réelle opportunité d'action radicale et de renouvellement. Dans le chiasme de la nostalgie et de l'utopie, le passé est une ressource qui glisse dans le futur, comme une pièce que l'on insère dans une machine à sous.

En insistant sur l'idée que la pensée puisse racheter les potentiels politiques de transformation, Adorno nous invite à comprendre l'utopie comme étant révolutionnaire : il ne s'agit donc pas d'un lieu idéal platonique, où la perfection sociopolitique est un fait accompli mais plutôt une condition rétablissant la possibilité d'une vraie action transformative. En outre, Adorno ne nous livre aucun élément explicite quant à ce que ce futur devrait concrètement devenir. Son utopisme non orthodoxe et d'une « faiblesse » trompeuse repose sur un sens critique de l'histoire, indissociable d'une nostalgie pour un passé révolutionnaire dynamique (depuis lors bloqué et mythifié), lorsque la possibilité d'un changement révolutionnaire appartenait au cours des événements [17].

tout ? » (*Ibid.*). La force dialectique de l'expérience métaphysique et son désir du bonheur sont néanmoins récupérés dans l'esthétique d'Adorno et son concept d'utopie. Le messianisme chez lui est une fonction qui ne relève pas de l'attente ou de l'espérance d'un salut, qui oppose simplement les souffrances terrestres à un état de délivrance, mais plutôt d'une « connaissance "vraie" (lucide, probe) se substitu[ant] à la projection idéologique, le regard qu'elle construit sur le monde affronte enfin sa réalité, c'est-à-dire sa condition nécessiteuse et décomposée, ses mutilations, ses défigurations ; et plus elle ouvre la possibilité de telles perceptions de la réalité, plus la pensée s'approche de ce qui sera ou serait la "révélation" messianique ; cette dernière, apocalyptique au sens propre du terme, consiste donc essentiellement en une manifestation ou évaluation du monde... » D. Payot, « Messianisme et utopie : La philosophie et le "possible" selon Th.. W. Adorno », *Tumultes*, n° 18-19 [2002], p. 181).

15. T. W. Adorno, *Dialectique négative, op. cit.*, p. 79-121.

16. John Hughes appelle cette espérance « negative hope » [espérance négative] (« Unspeakable Utopia : Art and the Return to the Theological in the Marxism of Adorno and Horkheimer », *Cross Currents* 53, no. 4 [2004], p. 476).

17. La nostalgie de cette possibilité perdue apparaît par exemple dans *Minima Moralia* : « Ce n'est pas par hasard que l'époque des vers libres fut celle de la Révolution française, où la dignité et les droits de l'homme se trouvèrent en parfait équilibre » (p. 297). Cet extrait s'inscrit dans un passage où Adorno livre sa réflexion nostalgique sur le vers libre, victime de la « destruction du langage » (p. 298), qu'il perçoit comme rachetée dans la prose contemporaine. Quelques pages plus loin, dans un passage qui démontre clairement à la fois la nature non-restauratrice de la nostalgie chez lui et la raison qui explique le *Bilderverbot*, Adorno présente la trajectoire historique de la dialectique : « La pensée dialectique n'inclut pas seulement la doctrine marxiste selon laquelle le prolétariat, objet absolu de l'histoire, est en mesure de devenir son premier sujet social, de réaliser l'autodétermination consciente de l'humanité, mais aussi la plaisanterie... que sans Louis XVI, il n'y aurait jamais eu de révolution, qu'on lui devait donc la déclaration universelle des droits de l'homme. La philosophie négative, dissolution universelle, dissout même les facteurs de la dissolution. Mais la forme nouvelle sous laquelle elle prétend suspendre et préserver les deux, ce qui a été dissous et ce qui a exercé la fonction dissolvante, ne peut jamais émerger à un état pur dans la société antagoniste. Tant que la domination se reproduit, l'ancienne qualité réapparaît dans la dissolution des facteurs dissolvants : aucun saut n'est possible dans un sens radical. *Un tel saut serait uniquement l'événement qui conduit hors de cette dialectique.* Du fait que la détermination dialectique de la nouvelle qualité se voit chaque jour renvoyée à la violence... qui transmet la fatalité de la domination, elle se trouve devant la nécessité quasiment inévitable – chaque fois qu'avec le travail du concept elle atteint la négation de la négation – d'introduire même dans la pensée l'ancien mal à la place d'une alternative qui n'existe pas » (p. 330, c'est moi qui souligne.)

Sa critique du présent, comme utopie simulée, dépolitisée, désenchantée et discréditée [18] sous-entend au lieu de cela l'espérance d'un futur envisagé comme un lieu à nouveau ouvert à la cause et à l'événement de la praxis politique radicale. Un tel utopisme réactive le potentiel fondateur de la modernité pour un changement radical au service d'une société nouvellement rationnelle. Adorno, néanmoins, nous offre deux visions utopiques : la première est un « chronotope » dans lequel la possibilité de changement est ravivée, une temporalité et une spatialité pour l'action indéterminées ; la deuxième est une image de l'utopie réalisée, de laquelle tous les soucis humains auraient disparu. Comme je le suggère, ces deux visions, qu'on pourrait croire téléologiquement liées, ne peuvent exister sur un même continuum expérimental. La difficulté, voire l'impossibilité, de les rapprocher est un indice révélateur de déficit pratique dans la pensée d'Adorno.

Les lettres qu'ont échangées Adorno et Benjamin au sujet des exposés de 1935 du *Livre des Passages* nous mènent au cœur du problème, c'est-à-dire à la relation du passé au futur-comme-utopie. Pour Adorno, la devise de Benjamin reprise de Michelet, « chaque époque rêve la suivante », cristallise la nature non dialectique de l'utopisme chez Benjamin. L'un des problèmes que perçoit Adorno dans cette devise est le fait qu'elle suggère que le lien entre ce futur porteur de rêves et le futur utopique est « linéaire », « direct », et « développemental ». [19] L'idée de simplement rêver le futur ne permet pas un renversement dialectique de l'utopie en tant qu'« enfer » ou « double-sens » nécessaire pour « mettre à sa place l'image de l'âge d'or », comme Adorno l'écrit à Benjamin. « Quand vous transférez l'image dialectique dans la conscience à titre de "rêve", le concept n'est pas seulement par là désenchanté et banalisé, il perd aussi son pouvoir objectif de clé, susceptible de le légitimer en termes matérialistes » [20]. Plutôt que de rêver l'utopie, comme Adorno l'explique plus tard, « la pensée attend d'être tirée du sommeil » en pleine conscience du présent – un point sur lequel s'accordait Benjamin [21].

Selon Adorno, l'on ranime le potentiel utopique du passé afin de récupérer une base théorique pour une initiative politique radicale. Dans une conversation avec Bloch en 1964, il explique que « l'utopie, du moins ce qui peut être présenté comme tel, c'est la transformation du Tout. » L'utopie doit compenser la possibilité perdue d'imaginer une telle transformation. « J'ai l'impression que ce que l'homme a perdu subjectivement, en termes de conscience, c'est

18. « La compensation que l'industrie culturelle offre aux hommes en éveillant le sentiment confortable que le monde se trouve dans cet ordre où elle les englue, les frustre de ce bonheur qu'elle présente trompeusement. L'effet d'ensemble de l'industrie culturelle est celui d'une anti-démystification, celui d'une anti-*Aufklärung;* dans l'industrie culturelle, comme Horkheimer et moi l'avons dit, la démystification, l'*Aufklärung,* à savoir la domination technique progressive se mue en tromperie des masses, c'est-à-dire en moyen de garrotter la conscience. Elle empêche la formation d'individus autonomes, indépendants, capables de juger et de décider consciemment. » (T. W. Adorno, « L'industrie culturelle », traduit par H. Hildenbrand et A. Lindenberg, *Communications*, 3, 1964, p. 18). Plutôt que la chose réelle, nous avons une inversion des idéaux émancipateurs que sont le bonheur, la liberté, l'agentivité, et ainsi de suite, dans leur réalisation illusoire.

19. M. Abensour, « Walter Benjamin, le guetteur de rêves », *L'Utopie de Thomas More à Walter Benjamin,* Paris, Sens et Tonka, 2000, p. 136.

20. T. W.. Adorno et W. Benjamin, *Correspondance, op. cit.,* p. 120 (2 août 1935).

21. L'une des épigraphes de *Konvolut N* (dossier N) reprend l'affirmation de Marx : « La *réforme de la conscience consiste seulement...* en ceci qu'on réveille le monde du rêve qu'il fait sur lui-même » (W. Benjamin, *Paris, capitale du XIXe siècle,* Paris, Cerf, 1997, p. 473).

tout simplement la capacité d'imaginer un Tout [de relations et de catégories humaines] complètement différent du Tout existant »[22]. La nouvelle totalité, cependant, peut être atteinte seulement de manière « antagonistique » en niant le Tout existant, ce qui « souligne la conscience de son contraire comme l'idée à la lumière de laquelle la non-vérité du Tout apparaît crûment »[23]. Si l'on se met à l'imaginer directement et nettement, on risque de simplement répéter les éléments de la mauvaise totalité présente, plutôt que d'ouvrir un espace pour une meilleure totalité.

C'est pour cette raison, que pour Adorno, toute image positive de l'utopie est (quasiment) prohibée. De quelle manière alors l'utopisme pourra-t-il atteindre ses objectifs ? Dans son échange avec Bloch, Adorno poursuit en expliquant que « l'utopie se loge essentiellement dans la négation déterminée de ce qui se contente d'être et qui, finissant toujours par se concrétiser sous la forme de quelque chose de faux, fait toujours en même temps signe vers ce qui devrait être... Bien que ne pouvant pas "esquisser" l'utopie, bien que ne sachant pas à quoi ressemblerait ce qui est juste [*das Richtige*], nous savons en tous cas exactement en quoi consiste ce qui est faux [*das Falsche*] »[24]. L'utopie, en d'autres mots, est toujours négative et fausse par rapport au donné ; ce *falsum*, cependant, n'équivaut pas au *verum*, comme dans « la réalité non atteinte » d'Herbert Marcuse[25] ou le concept non positiviste de vérité de Bloch, indiquant la fausseté du factuel et la latence de ce qui n'est « pas encore »[26]. Au lieu de cela, le faux détermine dialectiquement le vrai, en désignant un « autrement », la possibilité du monde comme différent. Adorno explique alors que l'utopie ne devrait ni anticiper le futur ni le rêver comme souhaitable, ni même fournir un modèle (*Leitbild*) pour une praxis politique orientée vers la liberté, mais l'inspirer.[27] L'action transformatrice doit être motivée par l'esprit de critique et de négation qui préserve l'élément

---

22. T. W. Adorno et E. Bloch, « Il manque quelque chose... », traduit par Ch. David, *Europe : Revue Littéraire* n° 949 (numéro spécial sur Ernst Bloch et T. W. Adorno, dirigé par M Blechman et M Löwy), mai 2008, p. 40. On peut rapprocher le passage suivant, extrait de *Dialectique négative* : « C'est uniquement s'il avait pu en être autrement, si la totalité (illusion socialement nécessaire en tant qu'hypostase de l'universel extrait des hommes individuels) est brisée dans sa prétention à l'absoluité, que la conscience sociale critique se préserve la liberté de penser qu'un jour il pourrait en être autrement » (p. 391).

23. M. Blechman « *Pas Encore :* Adorno et l'utopie de la conscience » (trad. mod.), *Europe : Revue Littéraire*, n° 949 (2006) (numéro spécial sur Ernst Bloch et T. W. Adorno, dirigé par M. Blechman et M. Löwy), p. 138-157 ; ici p. 142.

24. T. W. Adorno et E. Bloch, « Il manque quelque chose... », art. cit., p. 49. Pour une étude de leur approche différente de l'utopie et du passé, voir J.-M. Vincent « L'humanité comme utopie sans image : Bloch et Adorno », *L'utopie en questions*, édité par M. Riot-Sarcey, Saint-Denis, Presses Universitaires de Vincennes, 2001, p. 167-182.

25. H. Marcuse, « Philosophy and Critical Theory », *Negations : Essays in Critical Theory*, traduit par J. J. Shapiro, London, MayFly, 2009, p. 105.

26. « Et si cela ne correspond pas aux faits – et pour nous marxistes, les faits ne sont que des moments réifiés d'un procès, et rien de plus – dans ce cas-là, *tant pis pour les faits* [*um so schlimmer für die Tatsachen*], comme le disait le vieux Hegel. » Cette remarque est extraite d'une interview avec Bloch que Löwy reprend, parmi d'autres travaux dans « Lumières du romantisme chez Adorno et Bloch », p. 98.

27. Néanmoins, cette inspiration ne peut pas se passer de visions (un élément que nous retiendrons pour le moment) : « Si l'image n'apparaît pas..., alors on ne sait absolument pas au fond dans quel but le Tout existe, dans quel but l'ensemble de la structure a été mis en mouvement. Excusez-moi de jouer ici le rôle inattendu de l'avocat du positif, mais je crois que, sans lui, on ne peut rien faire dans une phénoménologie de l'utopie. » (T. W. Adorno et E. Bloch, « Il manque quelque chose... », art. cit., p. 50.) Cependant, ces visions doivent être sans cesse soumises à la critique, où elles seront prises comme des objectifs sociaux à atteindre. L'esprit qui les façonne est aussi important que l'esprit qui les rejette ; les deux sont dans tous les cas interdépendants.

utopique tout en le contenant. « Cette interdiction de donner une expression concrète à l'utopie tend à discréditer et à absorber la conscience utopique dont dépend la volonté que les choses soient différentes »[28]. La liberté de penser que les choses peuvent être différentes est la condition pour espérer qu'elles puissent être différentes et pour décider de ne pas les laisser telles qu'elles sont.

Le problème de la transition pratique du passé vers un futur utopique réapparaît dans l'essai d'Adorno sur Veblen, à partir de 1941. Alors que chez Benjamin ce qui posait problème était la saisie directe de l'utopie (comme image de rêve), chez Veblen, son « idée fixe » d'émancipation à travers le travail laisse peu de place à l'utopie. « Depuis qu'on s'est débarrassé de l'utopie et qu'on exige l'unité de la théorie et de la pratique, on est devenu trop pratique »[29]. Cette critique est en jeu dans le contraste qu'offre Adorno entre la dialectique et le pragmatisme, qui pour lui repose sur la compréhension de « l'étape suivante » dans l'évolution de la société. Pour le pragmatiste, la « prochaine mesure » à prendre est « la plus petite étape », où « chacune des situations successives de la société, à peine établie, tombe à son tour en désuétude… et il faudra s'adapter encore. » « Malgré sa vague allusion à la plénitude de la vie », la raison pour laquelle Veblen offre un projet perverti d'émancipation – une utopie positiviste alternative, une société qui « n'a pas pour principe le bonheur, mais le travail [le bonheur comme travail, comme satisfaction de "l'instinct de travail" – (N.d. A.)] » – s'explique car il « renonce à l'idée du possible » en faveur de l'actualité, « éternis[ant] la domination du toujours-semblable » et « hypostasie cette situation comme éternelle. » Dans la vision exiguë du pragmatiste, la prétendue autre société est en fait « inséparable du mouvement réel à l'intérieur de la réalité existante, indissociable aussi de chacun de ses éléments. » L'utopie est ainsi écartée comme étant une mauvaise « façon de penser » irréconciliable avec les exigences d'une situation concrète[30].

Pour le dialecticien, en revanche, l'idée d'ouverture, « la possibilité… de l'Autre », est essentielle. Selon Adorno, la question que soulève le pragmatisme, est la suivante : « Comment un nouveau est-il possible d'une façon générale ? »[31]. Le dialecticien doit donc se demander : « Comment la prochaine mesure peut-elle acquérir une orientation et une fin déterminées, sans que le sujet en sache plus que ce qui est donné ? » Tout en gardant en vue une telle possibilité, Adorno évite de la concevoir en termes « abstraits et arbitraires ». Bien que, comme Veblen, il soit sceptique lorsqu'il s'agit de grands plans utopiques, puisque « la totalité n'est pas donnée de façon définitive… l'idéal étant par conséquent condamné à rester fragmentaire et incertain », il insuffle un nouvel esprit à l'utopie à travers la conscience critique-immanente prismatique de la contingence des faits[32], une connaissance négative, qui n'est pas affectée par

---

28. T. W. Adorno et E. Bloch, « Il manque quelque chose… », art. cit., p. 50.
29. T. W. Adorno, *Minima Moralia*, op. cit., p. 55.
30. T. W. Adorno, « L'attaque de Veblen contre la culture », *Prismes*, traduit par G. et R. Rochlitz, Paris, Payot, 2010, p. 110.
31. *Ibid.*, p. 111.
32. *Ibid.*, p. 110-111. « Les faits » sont normalement « non réfléchis et s'apparentent à des choses » – figés dans la jonction entre réification et aliénation. (T. W. Adorno, avant-propos de l'édition anglaise de *Prismes*

une myopie pragmatiste, de ce qui se trouve *au-delà de* l'horizon de l'actuel [33]. Dans le même essai, Adorno présente l'utopie nostalgique et restauratrice « des temps primitifs » du projet de Veblen en ces termes :

> Le positiviste ne se permet de penser la possibilité de l'homme qu'en la transformant magiquement en une donnée. En d'autres termes : en un passé révolu. Il n'y a pour lui d'autre justification de la vie réconciliée, sinon qu'elle est encore plus factuelle, plus positive, plus existante que l'enfer de l'existence. Le paradis est l'aporie du positiviste. Il invente au passage l'instinct du travail, afin de trouver malgré tout un dénominateur commun d'ordre anthropologique pour le paradis et pour l'âge de l'industrie. Selon lui, c'est dès avant le péché originel que les hommes voulaient manger leur pain à la sueur de leur front [34].

L'idée d'une origine pure, façonnant le passé en une image exemplaire d'un futur réconcilié, ne peut pas échapper à sa contingence historique. Dans l'exposé d'Adorno, sa « restauration » est un retour au pays idéologiquement douteux, où ce pays est configuré, chez Veblen, comme une usine.

Ce qui manque dans la thèse de Michelet, c'est cette conscience que ni le présent ni le passé n'est un tout unifié, statique. Cette conscience, ainsi que la conscience de la contingence, révèle de quelle manière les contradictions d'un mauvais présent peuvent laisser la place à un futur utopique. Les utopistes, dont Spengler déplorait l'ascendant, « croient pouvoir remplacer le réel par la logique, la force des faits par une justice abstraite, le destin par la raison » [35]. Mais dans cette critique, par ailleurs sur ces certains points positive, des pronostics pessimistes de Spengler, Adorno discerne paradoxalement une vocation critique pour l'utopie :

> Une chose échappe au regard scrutateur du chasseur qu'est Spengler... les forces libérées par le déclin même... Dans le monde de la vie violente et opprimée, la décadence qui refuse d'obéir à cette vie, à sa culture, à sa brutalité et à son caractère sublime, est le refuge du meilleur. Ceux que, selon le commandement de Spengler, l'histoire écarte et anéantit, impuissants, incarnent négativement, à l'intérieur de la négativité de cette culture, ce qui malgré sa faiblesse promet d'en briser le diktat et de mettre fin à l'horreur de la préhistoire. Leur prestation est le seul espoir de voir le destin et le pouvoir privés du dernier mot. Au déclin de l'Occident ne s'oppose pas la résurrection de la culture, mais l'utopie que renferme dans une question muette l'image de celle qui décline. [36]

[*Prisms*, trad. S. Weber and S. Weber, Cambridge, MA, MIT Press, 1981, p. 7]).

■ 33. Chez Veblen « l'idée fixe remplace le concept abstrait en durcissant et en maintenant de façon arrogante une expérience déterminée et limitée. » (T. W. Adorno, « L'attaque de Veblen », art. cit., p. 106). À l'origine de cette attitude se trouve « la fonction gnoséologique » (*Ibid.*) – ceci est ironique, émanant d'un mélancolique incorrigible, *der traurige Wissenschaftler*. Néanmoins, le problème lié au donné tient également au fait qu'il implique un horizon de possibilité, qui, lui aussi, doit être nié. « Il est le possible et n'est jamais l'immédiatement réel qui fait obstruction à l'utopie ; c'est pourquoi, au milieu de ce qui est établi, il apparaît comme abstrait. » (T. W. Adorno, *Dialectique négative, op. cit.*, p. 76). Puisque l'action au présent est « impossible », nous devons retrouver sa possibilité dans le concret, qui, étant déformé, ancre « la conscience de possibilité » qu'est l'utopie (p. 75). La pensée sert l'utopie comme « une part d'existence qui toujours négative confine au non-étant » (p. 76).

■ 34. T. W. Adorno, « L'attaque de Veblen », art. cit., p. 105.

■ 35. Spengler est cité par Theodor W. Adorno, « Spengler après le déclin » (1950), dans *Prismes, op. cit.*, p. 80.

■ 36. T. W. Adorno, « Spengler », art. cit., p. 82-83.

Une année plus tard, en 1951, Adorno lit *Le Meilleur des mondes* d'Huxley et y voit une manifestation de la panique d'un intellectuel en exil, soulignant la lutte des exilés pour la « reproduction de leur vie » face à l'implacable compétition économique. Pour l'émigré, « l'intérêt de la conservation de soi était plus fort que celui de préserver son identité… Dans la mesure où ils associaient à leur émigration des espoirs utopiques, ceux-ci se projetaient à l'horizon d'une vie à venir, dans le conte de fées de l'ascension sociale. » Le fantasme d'Huxley d'un lendemain post-humaniste est fils du désenchantement présent, de la standardisation à l'échelle industrielle de la conscience, de la désindividualisation, de la production d'une uniformité pétrifiée. « L'homme saisi de panique est capable de reconstituer la réalité obscure qui est à la base même de l'identification collective : la fausse conscience des individus qui, sans aucune solidarité transparente, aveuglément assujettis aux images du pouvoir, se croient en harmonie avec une totalité dont l'omniprésence les étouffe » [37]. On peut voir, dans les circonstances socioculturelles et les conditions économiques qui ont mené à cette conscience, les racines de la conception qui, pour Adorno, se rapprochait le plus de la dystopie réalisée. La leçon qu'Adorno retient d'Huxley montre que l'utopie réalisée comme programme positif « se change en enfer par la prolongation idéelle de ses tendances : par leur téléologie immanente ».

L'accent est mis… sur l'évolution d'hommes libérés du besoin. La sphère économico-politique en tant que telle perd de son poids. Il est convenu simplement qu'il s'agit d'un système de classes parfaitement rationalisé à l'échelle planétaire, d'un capitalisme d'Etat intégralement planifié ; qu'à la collectivité totale correspond la domination totale ; que l'économie monétaire et la recherche du profit continuent d'exister… *Identity* définit l'effacement des différences individuelles, la standardisation jusque dans le fondement biologique ; *Stability*, la fin de toute dynamique sociale [38].

Comme nous le verrons, le même accent mis sur la libération du besoin (mais qui évite l'effacement des différences individuelles dans l'identité et dans la totalité sociale visant à le préserver) réapparaît, non sans problème, dans l'image utopique propre à Adorno. Par ailleurs, tout comme cette utopie, ou son but ultime, dépasse le social, la source nostalgique de sa vision surpasse l'homme tel que nous le connaissons.

Défendant la nostalgie d'Adorno contre le grief de restauration (« La nostalgie chez Adorno… n'est pas un objet perdu mais plutôt une *possibilité* perdue »), Calvin Thomas aborde le point de jonction entre nostalgie et utopie en posant la question de l'esthétique et du pouvoir. L'une de ses cibles est la critique par Peter Sloterdijk de la théorisation d'Adorno comme sentimentalement régressive, obsédée par la souffrance et *désespérément* non affirmative. Selon Sloterdijk, « l'utopie semble devenir chez Adorno un *objet* esthétique – beau, étranger, complet – plutôt qu'une pratique sociale objective. » Lorsque Thomas cite Sloterdijk, cependant, plutôt que de s'étendre

CAHIERS **PHILOSOPHIQUES** ▶ n° 154 / 3ᵉ trimestre 2018

37. T. W. Adorno, « Aldous Huxley et l'utopie », *Prismes, op. cit.*, p. 115, 116-117.
38. T. W. Adorno, « Huxley », art. cit., p. 98.

sur la nostalgie d'une plénitude (féminine) perdue, la position utopique d'Adorno s'attache à « maintenir les sens en éveil pour un bonheur qui ne viendra pas, mais qui, pendant que nous restons disposés à le recevoir, nous prémunit contre les pires chutes dans la brutalité... avec des équilibrismes conceptuels, [la théorie d'Adorno] a essayé de construire un savoir qui ne serait pas pouvoir »[39]. En d'autres termes, Sloterdijk en vient à adhérer à la vision de Thomas, qui s'appuie sur la déclaration d'Adorno concernant « une paix réelle aussi bien entre les hommes qu'entre eux et leur autre... comme étant l'état de la différence sans domination »[40]. Cet état définit la « possibilité perdue » qu'Adorno veut voir réactiver comme la « capacité humaine fondamentale... sans laquelle l'adjectif "humain", non pas dans le sens "humaniste" mais "humain" compris comme compatissant, ne pourrait guère s'appliquer : la capacité à souffrir et à reconnaître la souffrance de l'autre. »[41] Retrouver la possibilité de reconnaître la souffrance et racheter le désir utopique du passé sont inséparables, pour ne pas dire identiques ; être capable de reconnaître la souffrance aujourd'hui (à l'aide de la mémoire) signifie racheter les espoirs d'hier (réveillés par une telle reconnaissance, maintenant perdue) afin de racheter le monde de sa souffrance de demain. La récupération de cette reconnaissance est aussi une récupération du potentiel critique émancipateur au sein de l'actuel. Alors qu'il est vrai que la théorie d'Adorno manque d'un moment constructif, sa force tient précisément en son apparente faiblesse, c'est-à-dire en sa « sensibilité » aux souffrances passées et aux inégalités[42]. En maintenant « les sens en éveil pour un bonheur qui ne viendra pas », elle s'aiguise pour une souffrance qui ne cessera pas. Son projet est dépourvu de toute « projection optative »[43] d'une société parfaite parée d'une fixation nostalgique sur un « état originel d'identité heureuse ». Comme le formule Thomas, « la critique culturelle chez Adorno consistait précisément à démentir ce mensonge »[44].

Sans tenir compte des qualités esthétiques de l'utopie d'Adorno, la réceptivité, la passivité, et la prudence dialectique qui caractérisent son utopisme s'inscrivent dans la ligne de sa théorie de l'art[45]. Il s'agit justement d'une esthétique de tonalité mineure, une *parva aesthetica*.

■ 39. C. Thomas, « Knowledge » 163, 162 (qui cite P. Sloterdijk, *Critique of Cynical Reason*, traduit par M. Eldred, Minneapolis, University of Minnesota Press, 1987, p. XXXIV-XXXV). *Critique de la raison cynique*, traduit par H. Hildenbrand, Paris, Christian Bourgeois éditeur, 1987, p. 17-18.
■ 40. T. W. Adorno, « Sujet et Objet », *Modèles Critiques*, traduit par M. Jimenez et É. Kaufholz, Paris, Payot, 1984, p. 262, cité également dans C. Thomas, « Knowledge », art. cit., p. 163.
■ 41. C. Thomas, « Knowledge », art. cit., p. 163.
■ 42. Ici Sloterdijk exagère et porte un coup bas quand il parle d'« a priori émotionnel », tenant pour une faiblesse évidente de la théorie adornienne ce qui aurait pu être sa force, si elle avait été accompagnée d'un mouvement plus positif (*Critique de la raison cynique, op. cit.*, p. 16). L'amour indéniable d'Adorno pour la négativité et son affinité pour la souffrance peuvent nous empêcher de voir son attirance pour leur opposé.
■ 43. T. W. Adorno, « Sujet et Objet », p. 262 (trad. mod.).
■ 44. C. Thomas, « Knowledge », art. cit., p. 165. « L'image d'un état originel, temporel ou extra-temporel, où régnerait une identité heureuse du sujet et de l'objet, est romantique ; elle fut en son temps une projection optative, aujourd'hui elle n'est plus que mensonge. » (T. W. Adorno, « Sujet et objet », p. 262 [trad. mod.], cité par C. Thomas, « Knowledge », art. cit., p. 164).
■ 45. On retrouve ce lien dans *Théorie esthétique*. Adorno écrit « l'art est promesse de bonheur, mais promesse trahie » – une promesse que « l'art est contraint de rompre... pour lui rester fidèle. » (*Théorie esthétique*, traduit par M Jimenez, Paris, Klincksieck, 1995, p. 193, 432). L'art honore la promesse du bonheur non pas en tenant cette promesse, mais en retenant tout bonheur immédiat : c'est-à-dire, en ne permettant pas

Cependant, contrairement à la théorie critique, l'art – comme promesse continuellement renouvelée de bonheur, dont la relation à la société est une relation d'opposition et de critique immanente allant jusqu'aux conditions de possibilité mêmes de l'art – « devient le schéma d'une praxis sociale : toute œuvre d'art authentique opère une révolution en soi »[46]. C'est un fait social, malgré son autonomie par rapport à la société et seulement dans la mesure où il demeure autonome « pour mieux… dénoncer le mensonge d'un art autonomisé »[47]. Si l'art moderne (Adorno parle, quant à lui, d'art « esthétique ») sert de « substitut » à l'utopie – un *Gesamtkunstwerk* sans créateur – il le fait négativement : il postule l'absence d'espace en dépassant le lieu de son occurrence, réclamant pour lui-même une sorte de no man's-land. « Dans l'utopie de sa forme, l'art se plie à la lourdeur pesante de la réalité empirique dont il se détourne en tant qu'art »[48]. Il est décrit dans les mêmes termes que la pensée utopique, comme « négation déterminée d'une

qu'un souhait soit immédiatement satisfait, rachetant ainsi de manière dialectique détournée le bonheur à son identification au système de gratification directe suggérant le *Jenseits des Lustprinzips* (que l'on peut interpréter comme « au-delà du plaisir » comme principe ou comme « doux au-delà » – le plaisir voulant l'éternité, comme Adorno le fait remarquer, s'appuyant sur Nietzsche [*Dialectique négative*, 451]). « Pour l'amour du bonheur, on renonce au bonheur. Ainsi survit le désir dans l'art. » (Adorno, *Théorie esthétique*, 31). Mis en perspective, « tout art porte en lui sa propre mort », chaque œuvre « visant à tuer toutes les autres » ainsi qu'elle-même (Adorno, *Minima Moralia*, 103). Ce désir est, en partie, « la tendance à l'autodestruction qu'ont les œuvres et qui est leur vocation profonde à réaliser l'image visible du Beau, laquelle n'est pas pure et simple apparence » de l'art (*Ibid.*). En d'autres termes, la relation de l'art au Beau reflète sa relation au bonheur utopique, convergeant avec elle en un « *focus imaginarius* » La pluralité des théories esthétiques, qui limitent les œuvres en les « élevant à la dignité du concept », démontre par inadvertance la valeur vraie de l'art et « contribu[e] ainsi à la destruction de l'art, dont c'est là le salut. » (*Ibid.*) Cette disparition de l'art sous le signe de l'utopie est aussi ancienne que « l'original » de More, qui ne laissait pas de place à la production artistique dans sa vision d'une société idéale : les « arts » perfectionnés par les Utopistes comportent un avantage pratique (*sauf la musique, qui* « imite et exprime toutes les affections de la nature » comme une bande sonore pour vivre le bonheur) (Thomas More, *Utopie*). Dans un sens, l'utopie est donc une vision d'une somme esthétique, la satisfaction de besoins réels et conflictuels, du désir que l'art, ce « porte-parole historique de la nature opprimée » (Adorno, *Théorie esthétique*, 339), est censé canaliser sans la satisfaire réellement. L'art autonome, réussi (aux yeux d'Adorno) transvalue la beauté. L'idée du beau et son image dans l'art constituent une sorte de « virus » salvateur qui se développe en « maladie salvatrice » (Adorno, *Minima Moralia*, 106). Sa promesse de bonheur, de santé et de salut est un « antidote » (*Gegengift*) contre la réalité des souffrances (*Ibid.* ; « sans souvenir historique de souffrances vécues et de contraintes, – sans le « rapport esthétique » – le « beau n'existerait pas » [Adorno, *Théorie esthétique*, 100]). Atteindre la beauté absolue coïncide ici avec la réalisation du bonheur absolu ; dans leur point de fuite, le beau et le bien sont réconciliés. L'intérêt que porte Adorno à l'esthétique moderniste et l'avant-garde historique vient, en grande partie, de leur usage subversif de la forme : la formalisation de la beauté et du contenu utopique. « L'art veut ce qui n'a pas encore été ; or, tout ce qu'il est est déjà été. Il est incapable de dépasser l'ombre de ce qui fut. Mais ce qui n'a pas encore existé, c'est le concret… [qui n'est traité] autrement que de façon négative… Toute œuvre est utopie dans la mesure où, au travers de sa forme, elle anticipe une réalité qui serait enfin elle-même. » (191-192). L'art doit entraîner sa propre disparition dans la mesure où il est lui-même un effet du donné – une logique qui reflète, par ailleurs, la raison d'être ouroborique de la philosophie, sa fin consistant en sa finalité. Pour une réflexion plus vaste et qui fait autorité en ce qui concerne l'esthétique et l'utopisme chez Adorno, voir James Gordon Finlayson, « The Work of Art and the Promise of Happiness in Adorno », *World Picture* 3 (2009), www.worldpicturejournal.com/WP_3/Finlayson.html.

◼ 46. T. W. Adorno, *Théorie esthétique*, *op. cit.*, 316. « L'art ne représente pas seulement une praxis meilleure que celle qui domine jusqu'à nos jours, mais il est aussi critique de la praxis en tant que domination de la conservation brutale de soi à l'intérieur du *statu quo* et, au nom de l'amour qu'il lui voue, il convainc la production pour elle-même en optant pour un stade de la praxis situé au-delà de l'emprise du travail. *Promesse du bonheur* signifie plus que le fait que, jusqu'à présent, la praxis empêche le bonheur. » (30).

◼ 47. J. Rancière, « The Aesthetic Revolution and Its Outcomes : Emplotments of Autonomy and Heteronomy », *New Left Review*, no. 14 (2002), p. 134. Cet article tente de montrer que l'autonomie de l'art, son refus de compromis avec les exigences de la société moderne est en fait fondé sur l'hétéronomie : « L'expérience esthétique… ancre l'autonomie de l'art dans la mesure où elle le relie à l'espoir de "changer la vie", faisant de lui une "véritable politique". » (p. 134, 137).

◼ 48. T. W. Adorno, *Théorie esthétique*, *op. cit.*, p. 154.

société déterminée. » Autant dire que l'art transcende la réalité en refusant la représentation du bonheur sous sa forme idéaliste et totalisante existante, « produit de remplacement et fausseté ». Son succès en tant qu'art repose sur cet échec à satisfaire notre lutte pour le bonheur. En ne visant pas « la réalisation particulière » mais « la possibilité sans entraves », l'art « rend justice à l'existence en accentuant ce qui en elle préfigure l'utopie »[49]. Dans la lecture qu'en fait Jacques Rancière, *Les lettres sur l'éducation esthétique de l'homme* de Friedrich Schiller sont présentées comme la mise en intrigue définitive de la relation entre art et politique (particulièrement la lutte pour une utopie sociopolitique) pour la pratique esthétique et la théorie qui suivront, incluant la théorie adornienne. Elles inaugurent « une métapolitique de l'esthétique qui définit les possibilités de l'art », dans laquelle se situe la pensée d'Adorno. Le concept de *Spieltrieb*, le jeu libre de l'impulsion esthétique comme à la fois art du beau et art de vivre, menant à la réalisation de la nature humaine dans son état idéal, devient la « "scène originelle" de l'esthétique » tenant une « promesse politique » d'émancipation[50]. En effet, le jeu, dans sa forme et dans l'exécution, est une « image de la *praxis* »[51] étant donné que, d'après le modèle kantien, le jeu se situe en dehors de la logique des moyens et des fins de la réalité empirique et au cœur de notre capacité à rompre avec la relation marchande au monde pour ranimer l'expérience de la non fongibilité, de la non assimilation, et de l'altérité. Pour formuler cette remarque, Adorno pose un regard nostalgique sur les enfants et les animaux[52], nous amenant,

---

49. *Ibid.*, 312, 432, 29, 432.
50. J. Rancière, « The Aesthetic Revolution », art. cit., 151, 35, 147.
51. T. W. Adorno, *Théorie esthétique, op. .cit.*, p. 441.
52. Ici le passage clé est également extrait de *Minima Moralia*. Le jeu est la « résistance » (*Gegenwehr*) de l'enfant contre la valeur d'échange. « En dépouillant de leur utilité médiatisée les choses qu'il manipule » l'enfant comprend « la contradiction entre le phénomène et la fongibilité... Ce sont des exercices inconscients en vue de la vie juste. Le rapport des enfants avec les animaux repose entièrement sur le fait que l'utopie prend le déguisement de ceux auxquels Marx dénia – en tant que travailleurs – la production de plus-value. Du fait que les animaux existent sans tâche à accomplir que puissent reconnaître les hommes, ils illustrent et expriment leur propre nom, ce qui, par définition, ne peut être échangé. C'est pourquoi les enfants les aiment et ont tant de plaisir à les contempler. » (p. 306-307). Le jeu de l'enfant imite le monde des adultes, à l'exception de ses conséquences sociales ; de manière analogue, le lien entre art et société ne doit pas être trouvé dans l'effet social, la réception et la consommation, mais dans la production. Lors d'un jeu, l'enfant se met du côté de la valeur d'usage contre la valeur d'échange et la raison instrumentale – comme c'est le cas, chez Freud, avec la nature refoulée et l'économie perverse de la répétition contre la simple gratification, selon laquelle il défie *activement*, venge ou s'affirme au-dessus de ce qui le bouleverse et l'impressionne dans la passivité de l'expérience, accédant à un plaisir d'un autre genre. (Même si Freud a considéré les jeux artistiques comme dérivés des jeux d'enfants, il n'a pas, contrairement à Adorno, ressenti le besoin de situer l'instinct d'imitation ou la pulsion de jeu à la base de l'activité humaine.) Ainsi, Freud en conclut que les jeux procurent en effet du plaisir ; ils ne révèlent pas le fonctionnement des tendances au-delà du principe de plaisir. Néanmoins, ils nous indiquent cette direction ; aborder l'idée de cet au-delà mène Freud à étudier le jeu chez l'enfant dès la deuxième partie de son essai de 1920. Il est facile de comprendre maintenant les raisons pour lesquelles la structure du jeu peut mener à une théorie de ses convergences émancipatrices avec l'utopie : l'élément de répétition, qui est l'incursion de l'anti-esthétique, et de la praxis non libre, entraîne une forme complexe de plaisir. Adorno s'appuie sur la contradiction au cœur de tout jeu – y compris l'art – développée par J. Huizinga – qui est « l'unité et l'inséparabilité » de la croyance et de la non-croyance du joueur en la réalité du jeu ; lui aussi voit ce caractère contradictoire de la « conscience de la fausseté du vrai » comme « remarque esthétiquement constitutive de la contradiction » (*Ibid.*, 442 [trad. mod.]). C'est aussi dans l'enfance qu'Adorno découvre le modèle concret de l'expérience métaphysique – le bonheur promis par des noms de lieux dans l'imaginaire de l'enfant : « Ce qui apparut à Proust à Illiers fut de la même façon partagé par de nombreux enfants de la même couche sociale en d'autres lieux. Mais si l'on veut que ce qu'il y a d'universel, d'authentique dans la présentation de Proust se constitue, il faut qu'on soit ravi par ce même lieu sans loucher sur l'universel. Pour l'enfant, il est évident que ce qui est dans sa petite ville préférée l'enchante, ne peut se

ADORNO ET L'UTOPIE : RETOURS ET DÉTOURS

par la notion de mimèsis[53], à l'alliance de l'art et du désir utopique. « Par un refus intransigeant de l'apparence de réconciliation, l'art maintient cette utopie au sein de l'irréconcilié[54]. » L'aspect politique et l'aspect esthétique chez Adorno peuvent être l'un comme l'autre qualifiés de kantiens dans la mesure où l'idéal progressiste de paix perpétuelle chez Kant se situe en dehors du genre de l'utopie, et le jugement esthétique, ancré dans l'expérience désintéressée du plaisir/déplaisir, engendre une connaissance normative qui ne perpétue pas la domination, une propriété qu'il partage avec l'universalisme moral. L'appel *nostalgique* d'Adorno pour « une rédemption des espérances du passé » n'équivaut pas à ressusciter les possibilités réelles et objectives perçues autrefois, mais à racheter la *subjectivité* de l'espérance, la singularité du sens concret de la possibilité qui simultanément revendique néanmoins *l'universalité*[55].

Les réserves que je viens de mentionner à propos de la dimension utopique dans la pensée d'Adorno ne nous préparent pas à l'aperçu qu'il nous offre de l'utopie réalisée. C'est une vision de l'individu qui n'est pas conscient des impératifs sociaux, une utopie de la solitude (tendant vers le solipsisme) dans laquelle la réflexion, l'activité orientée vers un but, et les lois de la civilisation ne s'appliquent plus, et qui, si elle est étendue à une collectivité, pourrait former la bonne totalité de la « différence sans domination[56]. » C'est l'utopie de *Sur l'eau* :

> Une humanité qui ne connaît plus la détresse commence à comprendre la nature illusoire et futile des efforts entrepris jusqu'à présent pour échapper à la nécessité, et qui utilisèrent la richesse pour reproduire la détresse sur une plus vaste échelle. La jouissance elle-même en serait atteinte dans la mesure où son schéma actuel est inséparable de l'activisme, de la planification, de la volonté qu'on impose, de l'assujettissement. *Rien faire comme une bête*, se laisser aller au fil de l'eau et regarder tranquillement le ciel, « être, rien de plus, sans autre détermination ni désir d'accomplissement », voilà qui pourrait remplacer l'action, l'accomplissement et remplir effectivement la promesse de la logique dialectique :

CAHIERS PHILOSOPHIQUES ▶ n° 154 / 3e trimestre 2018

trouver que là uniquement et nulle part ailleurs... Le bonheur qui seul dans l'expérience métaphysique est plus qu'un désir impuissant, accorde l'intérieur des objets comme ce qui en même temps leur est soustrait. Celui qui cependant » – et nous glissons ici vers l'expérience altérée de l'adulte « l'absolu apparaissant » – « se délecte naïvement d'une telle expérience comme s'il avait en main ce qu'elle suggère, succombe à des conditions du monde empirique qu'il veut dépasser et qui pourtant seules lui en fournissent la possibilité. » (T. W. Adorno, *Dialectique négative, op. cit.*, p. 452-453).

53. La *mimèsis*, ou le faire semblant, définit l'expérience humaine, qui est essentiellement l'expérience de l'altérité, de l'inauthenticité. « Le principe de l'humain est l'imitation : un être humain ne devient vraiment humain qu'en imitant d'autres êtres humains. C'est dans un tel comportement, forme primitive de l'amour, que les prêtres de l'authenticité flairent les traces de cette utopie susceptible d'ébranler les structures de la domination... Ce n'est pas le cabotinage que [Nietzsche] aurait dû reprocher à Wagner... mais il aurait dû lui reprocher d'être un vivant désaveu du spectacle. » (T. W. Adorno, *Minima Moralia, op. cit.*, p. 208-209).

54. T. W. Adorno, *Théorie esthétique, op. cit.*, p. 58.

55. Stefan Jonsson, cherchant à racheter l'universel à sa banalisation dans la globalisation contemporaine, insiste de la même manière sur le fait qu'on ne peut percevoir l'universel que dans le particulier concret : « L'universalité, qui est logiquement l'opposé de la particularité, peut uniquement être pensé et abordé comme étant cet opposé. » (« The Ideology of Universalism », *New Left Review*, no. 63 [2010], p. 118).

56. T. W. Adorno, « Sujet et Objet », art. cit., p. 263.

la réactivation de ses propres origines. De toutes les notions abstraites, aucune ne se rapproche autant de l'utopie réalisée que celle de paix éternelle[57].

Dans son article basé sur *Minima Moralia*, Rahel Jaeggi décortique l'aphorisme en ces termes : « L'utopie consistant à "se laisser aller au fil de l'eau" qu'Adorno distingue de l'idéal activiste de société émancipée qui a été prôné... par les naturalistes barbus, évoque lui aussi plus que la simple absence de faim et de souffrance »[58]. La « curieuse ambivalence » de cette vision, poursuit-elle, est que « d'un côté, l'utopie consistant à se laisser aller au fil de l'eau signifie, par rapport aux utopies excessivement concrètes des activistes naturalistes barbus, une remise à plus tard, une prise de distance. De l'autre, elle est une objection et une alternative utopique dirigée contre l'idéal activiste du faire : il s'y trouve (en substance) l'idée de « pouvoir laisser les choses être » opposée à celle de l'accomplissement actif de toutes les possibilités humaines. » Jaeggi insiste sur le « laisser les choses être » qui doit être compris comme un « laisser ouvert »[59].

L'ambiguïté au cœur de *Sur l'eau* relève de l'ambiguïté dont je traite ici entre le fragment cité plus haut et l'utopisme nuancé d'Adorno. Alors que la passivité manifeste de cet utopisme (en partie spéculation, en partie rêverie) est en adéquation avec l'interdit de donner des images utopiques, son image sous-jacente, aussi abstraite qu'elle est concrète, gardant en réserve un pur lieu futur, un être purifié (oisif, complet, sans limite, ouvert sur un nouveau monde), ne pouvait pas être plus éloignée de ce que nous attendons d'Adorno. Le « retour » motivé par la nostalgie à une « origine » – modifiée par le passage du temps, par le *Nachträglichkeit* (l'après-coup) de la mémoire, par la lutte pour l'utopie – représente la réalisation du désir utopique, libéré de la téléologie. Cette réalisation forme la totalité à l'intérieur de laquelle persiste la paix éternelle, non pas dans l'immobilisme, mais dans un dynamisme paisible parcourant un circuit de perfection clos sur lui-même. Cette vision « contre utopique » est reprise dans les dernières pages de *Minima Moralia*, dans plusieurs remarques sur l'affection que les enfants, engagés dans la finalité sans fin des activités ludiques, éprouvent pour les animaux, qui existent sans aucune fin reconnaissable à nos yeux[60]. Finalement, c'est

▨ 57. T. W. Adorno, *Minima Moralia, op. cit.*, p. 212. Le propos aphoristique d'Adorno est inséparable de la nature esquissée de cette impression. L'aphorisme et l'utopie isolée partagent les mêmes caractéristiques. « Hostile à toute forme d'isolement individuel, la théorie dialectique ne saurait par là-même s'arranger d'une suite d'aphorismes en tant que tels. [...] En fait, le présent livre n'oublie pas tant l'exigence de totalité propre au système – lequel ne saurait admettre qu'on se place en dehors de lui – qu'il n'entre en rébellion contre elle. [...] Si tant est qu'aujourd'hui le sujet disparaisse, les aphorismes prennent à cœur de "considérer cela même qui disparaît comme l'essentiel". » (11-12).
▨ 58. R. Jaeggi, « Une critique des formes de vie est-elle possible ? Le négativisme éthique d'Adorno dans *Minima Moralia* », traduit par A. Berlan, *Actuel Marx*, 2005/2, n° 38, p. 149-150.
▨ 59. *Ibid.* En défendant l'existence d'images/motifs positifs chez Adorno, Jaeggi suit ici Martin Seel : « Depuis ses jeunes années, Adorno a toujours souligné que la liberté et le bonheur, la morale et la justice, et le bien individuel et social en général ne pouvaient être, dans les conditions actuelles, déterminés que de manière négative, on ne peut les reconnaître que sous leurs formes inversées. Néanmoins, il n'est évident qu'Adorno se berce ici d'illusions. Car l'éthique adornienne prend radicalement pour point de départ des expériences positives – et, qui plus est, radicalement positives. Le motif proustien et benjaminien du temps retrouvé se fait ici fortement sentir. » (M. Steel, *Adornos Philosophie der Kontemplation*, Frankfurt am Main, Suhrkamp, 2004), cité par R. Jaeggi, « Une critique des formes de vie est-elle possible ? », art.cit., note p. 21, 147.
▨ 60. T. W. Adorno, *Minima Moralia, op. cit.*, p. 306.

l'animal, l'inhumain ou l'infra-humain, qui émerge comme étant le gardien de la paix perpétuelle[61]. La relation négative entre la reconnaissance de la souffrance et l'utopisme apparaît ici nettement. Nous percevons également son écho cinq ans plus tard dans ces remarques quelque peu obscures : « La philosophie existe pour racheter ce vous voyez dans le regard d'un animal », « C'est de l'animal que l'on pourrait apprendre ce qu'est le bonheur »[62]. Nous comprenons le bonheur à travers la pure souffrance de l'animal (en termes dialectiques chez Adorno : « *falsum index sui et veri* » : « le faux, signe de lui-même et du vrai »[63]). Ce que l'on distingue dans le regard paisible de l'animal humain de *Sur l'eau*, c'est un monde racheté.

Il est frappant de constater les nombreux parallèles entre l'utopie de « Sur l'eau » dans *Minima Moralia* (1951) et les réflexions utopiques du même ordre dans *Les Rêveries du promeneur solitaire* (1782) de Jean-Jacques Rousseau – qui rassemblent également des « réflexions sur la vie mutilée »[64]. Ces deux textes sont des travaux autobiographiques écrits en exil ou dans l'isolement, germant de « la vie privée, en l'occurrence celle de l'intellectuel en émigration »[65], s'ouvrant sur des questions sociales, anthropologiques et morales plus vastes. Ce sont des produits d'une rétrospection tardive, teintée de nostalgie, de mélancolie, et d'utopie, dans le cas de Rousseau, interrompue par la mort ; et dans le cas d'Adorno, cette rétrospection recrée un lien avec Horkheimer, en « refusant de reconnaître » l'interruption de son travail due à la guerre et à la catastrophe. Ce sont également deux textes fragmentaires – « la forme ouverte, inachevée et non contraignante » s'exprime par son « [renoncement] à chercher une cohérence théorique explicite » dans le cas d'Adorno[66], et Rousseau, quant à lui propose, « un informe journal » pour lequel il renonce à toute systématicité – et l'un comme l'autre sont, pour des raisons voisines, dialogiques : Rousseau, dans un dialogue avec lui-même, dont on fait l'expérience à un « autre âge » comme une conversation « avec un moins vieux ami »[67], alors que le « dialogue intérieur » d'Adorno avec

61. Il me semble que nous ne devrions pas interpréter cela littéralement, comme le fait Robert Savage lorsqu'il soutient que le passage « désigne l'identité structurelle et fonctionnelle de l'animalité et de l'utopie dans la pensée d'Adorno » (« Adorno's Family and Other Animals », *Thesis Eleven*, n° 78 [2004], p. 109). L'aphorisme *Sur l'eau* établit clairement une relation de ressemblance (par comparaison), et non d'identité, entre l'animalité et l'utopie.

62. T. W. Adorno et M. Horkheimer, « Towards a New Manifesto ? », *New Left Review*, n° 65, 2010 p. 51, 35.

63. T. W. Adorno et E.Bloch, « Il manque quelque chose… », art. cit., p. 49.

64. Savage remarque que ce passage « est généralement expliqué par une référence à Rousseau » (« Adorno's Family », art. cit., p. 109) Ces explications, sont, à ma connaissance, faites à un niveau abstrait et conceptuel (c'est-à-dire le bonheur en harmonie avec la nature), plutôt que phénoménologique, imaginatif, ou littéraire. La seule référence (faite en passant) que j'ai trouvée spécifiquement à propos du rapprochement entre *Sur l'eau* et la vision de Rousseau nous vient de Dieter Thomä, qui remarque cette affinité thématique : le besoin du philosophe de fuir la philosophie pour trouver le bonheur (*Vom Glück in der Moderne*, Frankfurt am Main, Suhrkamp, 2003, p. 302-303). Cette idée concorde avec le principe, défendu par Adorno, qu'avec la réalisation du bonheur la philosophie devient superflue.

65. T. W. Adorno, *Minima Moralia*, op. cit., p. 14.

66. *Ibid.* « Si les fragments qu'on trouvera ici réunis ne sont guère à la mesure de la philosophie, dont ils ne sont pourtant eux-mêmes qu'un fragment, cela tient à la tentative même dont procèdent les *Minima Moralia*, qui est d'exposer les éléments d'une commune philosophie en partant de l'expérience subjective. » (p. 15). Le titre du livre annonce immédiatement une renonciation à l'abstraction éthique en faveur d'un questionnement critique de la vie morale concrète. Dans cette « minimalité », il s'apparente à l'esthétique de tonalité mineure propre à Adorno.

67. J.-J. Rousseau, *Les Rêveries du promeneur* solitaire, Paris, Flammarion, 1997, p. 41, 42, 43.

des idées développées entre lui et son co-auteur, constitue pour ainsi dire, leur « propriété commune »[68].

Le contexte des réflexions solitaires utopiques de Rousseau est pour lui un objet de nostalgie profonde : la petite île rurale (Île de Saint-Pierre) peuplée de quelques habitants évoque l'expérience sociale utopique de Clarens, dans *Julie*[69]. Il s'adonne à la rêverie sur les bords d'une rivière ou d'un lac, ou allongé dans un bateau ; il se décrit comme apaisé par « le flux et le reflux de cette eau, son bruit continu mais renflé... [qui] suppléaient aux mouvements internes » « chassant de mon âme toute autre agitation » « et suffisaient pour me faire sentir avec plaisir mon existence, sans prendre la peine de penser. »[70] Les « élans du désir » qu'il ressent pour cette « habitation chérie » le mènent à conclure que :

le bonheur que mon cœur regrette n'est point composé d'instants fugitifs mais un état simple et permanent... Toujours en avant ou en arrière de nous, [nos affections] rappellent le passé qui n'est plus ou préviennent l'avenir qui souvent ne doit point être : il n'y a rien là de solide à quoi le cœur se puisse attacher. Aussi n'a-t-on guère ici bas que du plaisir qui passe ; pour le bonheur qui dure je doute qu'il y soit connu... Mais s'il est un état où l'âme trouve une assiette assez solide pour s'y reposer tout entière et rassembler là tout son être, sans avoir besoin de rappeler le passé ni d'enjamber sur l'avenir ; où le temps ne soit rien pour elle, où le présent dure toujours sans néanmoins marquer sa durée et sans aucune trace de succession, sans aucun autre sentiment de privation ni de jouissance, de plaisir ni de peine, de désir ni de crainte que celui seul de notre existence, tant que cet état dure celui qui s'y trouve peut s'appeler heureux, non d'un bonheur imparfait, pauvre et relatif, tel que celui qu'on trouve dans les plaisirs de la vie mais d'un bonheur suffisant, parfait et plein, qui ne laisse dans l'âme aucun vide qu'elle sente le besoin de remplir... De quoi jouit-on dans une pareille situation ? De rien d'extérieur à soi, rien sinon de soi-même et de sa propre existence, tant que cet état dure on se suffit à soi-même comme Dieu... Il n'y faut ni un repos absolu ni trop d'agitation... Sans mouvement la vie n'est qu'une léthargie... Un silence absolu porte à la tristesse. Il offre une image de la mort... Le mouvement qui ne vient pas du dehors se fait alors au dedans de nous. Le repos est moindre, il est vrai, mais il est aussi plus agréable quand de légères et douces idées, sans agiter le fond de l'âme, ne font pour ainsi dire qu'en effleurer la surface[71].

Le doux farniente eudémonique de Rousseau, dans lequel s'efface le sentiment de l'espace et du temps, semble être tout d'abord une vive élaboration, une concrétisation *avant la lettre* de l'apothéose eutopique d'Adorno. C'est un subtil équilibre, en deçà de la mélancolie et de la mort. La paix peut ne pas être totale, mais elle semble éternelle (le temps subjectif demeure immobile). Rousseau peint un état libre de tout souci, passion et regret, libéré du désir de bonheur au présent ou au futur, vide de conscience historique ou de conscience de lui-même en tant que bonheur. Mais là où l'image éphémère

68. T. W. Adorno, *Minima Moralia, op. cit.*, p. 14-15. « Il ne s'y trouve pas une idée qui ne revienne à Horkheimer autant qu'à celui qui a seulement trouvé le temps d'en assurer la formulation. » (*Ibid.*).
69. Voir J. F. Jones, *La Nouvelle Héloïse : Rousseau and Utopia*, Genève, Droz, 1978.
70. J.-J. Rousseau, *Rêveries, op. cit.*, p. 94-101
71. *Ibid.* 102-104.

d'Adorno vise à dépasser, de par son caractère intemporel et son anonymat, la subjectivité aliénée du présent, celle de Rousseau grandit dans l'esprit d'un homme de son temps, réconciliant l'être et le néant, dans un espace ouvert par la rêverie, et confiné à cette rêverie. Goûtée par « ceux que le ciel a gratifiés ["d'une imagination riante"] » la rêverie est assurée en principe « partout où l'on peut être tranquille » – comme Rousseau nous l'affirme, dans un cachot même à la Bastille[72]. Par contraste, l'expression « ne rien faire, comme un animal » manque d'ancrage dans la subjectivité, sans pour autant revendiquer un *punctum Archimedis*. Elle présente une vision concrète d'un nulle part (dans le sens générique de l'utopie comme nulle part en particulier), une conscience flottante, sans attaches, comparable à une sensibilité animale, mais elle renvoie également à une expérience de la nature commune à toutes les bêtes. Il semblerait qu'Adorno dévoile cette image malgré lui : « Le choix d'un point de vue extérieur à son emprise est aussi fictif que l'est toujours la construction d'utopies abstraites[73]. » Le terme opératif dans la phrase « rien faire… » est « rien », et par conséquent « ne rien faire », activité sans but ou contenu reconnaissable, où (rappelant l'impression de Rousseau) « le temps [n'est] rien », remplit ou accomplit la place pure du quelque chose manquant utopique. Comme Bloch nous le rappelle, le « Rien » de ce faire animal est tout sauf nihiliste ; « la circulation [*Umgang*] anéantissante du Rien » fait autant partie de la tradition utopique que « la circulation illuminante du Tout »[74].

En dépit de leurs différences, les deux images sont positives dans la mesure où l'utopie ne nie pas simplement, mais supplante le statu quo. Néanmoins, elles sont négatives pour ce qui est de la tradition de l'utopie comme moyen d'imaginer un collectif social juste, et elles sont négatives également dans leur relation à l'histoire de la philosophie, dans le sens où elle enseigne comment bien vivre, qu'elle présente sous forme de préceptes moraux pratiques. De la même manière, elles dépeignent toutes les deux un lieu où la philosophie survit à son but. Si la fin de la philosophie est utopique, son origine est évidemment nostalgique. « La philosophie commence au moment où nous cessons simplement d'accepter ce qui existe comme donné… mais que nous soulevons la question de savoir comment ce que nous rencontrons comme actuel est aussi possible. Ce qui caractérise la philosophie, c'est ce "pas en arrière" de l'actualité vers le possible »[75]. La définition étonnement adornienne de Slavoj Žižek saisit

---

◼ 72. *Ibid.*, 104. L'image est dialectique (évoquant le mot de Rousseau, « L'homme est né libre et partout il est dans les fers ») et, en ce seul sens, historiquement visionnaire. Elle illustre la capacité de l'homme à rêver, et donc à retourner à l'origine de la pensée, par le penchant de la société civile pour l'auto-emprisonnement. Pour une archéologie de cet « autre Rousseau », « le fondateur de la dialectique même », qui distingue « la forme de la véritable pensée politique » (le « texte politique », ou rhétorique) de la doxa et de l'idéologie de son contenu (les préjugés de Rousseau), voir F. Jameson, « Rousseau and Contradiction », *Valences of the Dialectic*, New York, Verso, 2009, p. 303-314.

◼ 73. T. W. Adorno, *Prismes, op. cit.*, p. 26.

◼ 74. « Nous inscrivant en faux contre tout nihilisme creux et statique, nous tenons tout particulièrement à souligner que le Néant lui aussi est une catégorie utopique, bien que contre-utopique à l'extrême. Bien loin d'être un fondement « néantisant » (*nichtend*) ou de constituer un arrière-plan tout aussi « néantisant »… le Néant n'est – exactement comme l'Utopique positif, c'est-à-dire le Foyer ou le Tout – « présent » que sous forme de possibilité objective. » (E. Bloch, *Le Principe Espérance*, p. 21 [trad.mod.]).

◼ 75. Žižek cite Adorno et Horkheimer (repris de Jameson) : « Ce qui est proposé, ce n'est pas l'Italie, mais la preuve visible de son existence. » (S. Žižek, *Tarrying with the Negative. Kant, Hegel, and the Critique of Ideology*, Durham, NC, Duke University Press, 1993, p. 2).

bien, il me semble, la tendance nostalgique de la philosophie : mentalement « un pas en arrière » pour être dans une position où l'actuel était seulement possible – l'une des nombreuses possibilités se dessinant à l'horizon. La tendance utopique de la philosophie est réciproquement un « pas en avant » de l'actualité vers la possibilité afin de se demander comment quelque chose de non actuel est néanmoins possible. Il est aisé de voir comment la philosophie d'Adorno effectue, à maintes reprises, ces deux mouvements épistémiques : connaître négativement un futur imprédictible qui réactive, à partir d'une critique vigoureuse du présent – à travers, en partie, un engagement affectif et réflexif avec le passé – « la possibilité avortée de l'Autre »[76]. Cette tâche, pour son époque, étant donné la persistance des utopies fausses et barbares de l'identité, « s'est concentrée en celle d'éviter malgré tout la catastrophe »[77].

Dans un esprit similaire, Adorno remarque que « [Marx et Engels] étaient ennemis de l'utopie dans l'intérêt même de sa réalisation »[78] – et c'est révélateur si l'on considère que Marx et Adorno ont tous les deux refusé de figurer l'utopie. Abensour, pour qui Adorno appartient à la constellation des penseurs post-1848 visant à « penser l'utopie autrement », explique ainsi ce paradoxe : « Seule une pensée de l'utopie qui se fait violence à elle-même, qui inclut dans son mouvement la critique de l'utopie, acquiert la dureté nécessaire pour parvenir à la destruction des mythes qui ruinent l'utopie. ». Des cendres de l'histoire renaît l'utopisme : « Car de la catastrophe même surgit une nouvelle *sommation utopique*, le "plus jamais ça" se traduisant aussitôt, au-delà de la banalité de la formulation, par l'exigence de l'utopie, comme si la catastrophe dévoilait *a contrario* la nécessité de l'utopie. » Mais la conclusion compatissante d'Abensour – que dans l'esquisse d'Adorno d'« une figure possible de cette nouvelle sommation utopique » « quelle que soit l'altérité atteinte, l'utopie portera la trace des souffrances passées »[79] – ne prend pas en compte la « coda » de l'utopie qu'il envisage comme « au fil de l'eau » sans but, sans être troublé par des traces de souffrance et de besoin[80] – d'une manière, en ce sens, assez semblable à la mort.[81]

Reste la question que pose Adorno lui-même de manière implicite : comment « l'expérience individuelle [prenant] nécessairement appui sur le sujet ancien, condamné par l'histoire, qui est encore pour soi mais qui n'est plus en soi » plutôt que de devenir sacrifice résiste-t-elle à « l'objectivité

■ 76. T. W. Adorno, *Dialectique négative, op. cit.*, p. 391.
■ 77. *Ibid.* Abensour nous éclaire : « Au lieu que la catastrophe infirme à tout jamais l'idée d'utopie, sa persistance, elle lui redonnerait paradoxalement une nouvelle vie » puisque « comme l'a montré à diverses reprises E. Bloch, la mort est l'anti-utopie même. » (« Persistante utopie », *Utopiques II : l'homme est un animal utopique*, Arles, Éditions de la Nuit, 2010, p. 187.)
■ 78. Selon Abensour, ce dont il s'agit ici, c'est que, chez Marx, la critique de l'utopie « aboutit à un sauvetage de l'utopie par "transfert", dans une ontologie dialectique » (*Ibid.*, 179 et 177).
■ 79. *Ibid.*, 187-189.
■ 80. Cette référence tient en la maxime d'Adorno dans « Sur l'eau » : « que nul n'ait plus jamais faim » (*Minima Moralia, op. cit.*, p. 211).
■ 81. Il est vrai qu'Adorno réserve une place particulière à la mort dans l'utopie. L'utopie est inconcevable sans la notion de vie libérée de la mort » (T. W. Adorno et E. Bloch, « Il manque quelque chose… », art. cit., p. 47). Elle doit traverser la mort comme le dernier « seuil » avant « une vie sans entraves » (*Ibid.*) Mais c'est seulement dans l'utopie de la négation déterminée de ce qui est (de cette vie alourdie par sa négation) que « la mort est également incluse – parce que la mort n'est rien d'autre que la puissance de ce qui se contente d'*être* » (*Ibid.*). Il apparaît clairement que derrière l'insistance d'Adorno sur l'idée « d'élimination de la mort » se trouve son « inclusion », et son retour *ici* malgré tout.

massive du mouvement en cours [qui] réside en ce qui n'est encore qu'une dissolution du sujet – sans que déjà s'en soit dégagé un sujet nouveau »[82] ? Elle peut résister en dissolvant la subjectivité une fois pour toutes : non pas en désirant l'identité d'un sujet et d'un objet, mais plutôt en mettant fin à cette relation sujet-objet en tant que telle. Enfin, lorsqu'elle n'est plus absorbée par la négativité productive de la critique dialectique radicale (dans les prises de position d'anti-hypostase, d'anti-essentialisme, d'anti-idéologie, d'anti-progressisme), la vie dépasse la pensée de l'identité, l'histoire et la société. Elle est intemporelle sans être atemporelle : la « paix éternelle » se trouve de l'autre côté de la rédemption dialectique du temps. Bien évidemment, de façon parfaitement cohérente, la pensée d'Adorno, ne parvient pas à livrer une recette pour une telle réconciliation universelle. Son engagement pour une épistémologie différente, qui ne s'étend pas aussi loin, n'inclut pas l'action. Au lieu de cela, il nous laisse face à une impasse. Quoi qu'il en soit, le perpétuel *problème* de la praxis est le signe que le moment de la philosophie n'est pas encore passé. Si, comme Gilles Deleuze et Félix Guattari l'ont écrit, la philosophie est « de son temps » en vertu de sa dimension utopique – ce lien du concept au milieu présent, et particulièrement aux forces qu'il réprime (« ce qui a été manqué » chez Adorno) –, alors l'utopie réalisée n'aurait pas de place pour la philosophie, en voyant sa promesse remplie[83].

Quelles conclusions (s'il y en a) doit-on tirer de la bifurcation de l'utopie dans l'œuvre d'Adorno pour « ce qui est en cause », pour « éviter malgré tout la catastrophe » et sa relation à la pratique éthique et politique ? Comment expliquer qu'une utopie « non praticable » d'action individuelle et collective pour un changement social radical vers un pluralisme global se réduise, en dernière analyse, à une singularité ? Si le premier modèle, relativement « actif » pouvait être une impasse, le second, si « passif » qu'il va jusqu'à ressembler à la mort, pourrait être « l'Ouvert » de Rilke[84]. L'existence d'une pensée en exil, et la dialectique négative à laquelle elle est redevable, nous offrent une réponse. Mais l'utopie de *Sur l'eau*, l'accomplissement de l'utopie, marque aussi une boucle bouclée (où un accomplissement plus abouti est impensable) : une révolution critique dans la pensée, remplissant

82. T. W. Adorno, *op. cit.*, *Minima Moralia*, p. 10.

83. Le paragraphe dans lequel cette remarque apparaît offre des éléments complémentaires intéressants aux idées qui me préoccupent ici, et particulièrement la relation que l'utopisme d'Adorno entretient avec le temps : « [La philosophie] *retourne* [le capitalisme] *contre soi pour en appeler à une nouvelle terre, à un nouveau peuple...* C'est donc plus proche de ce qu'Adorno nommait "dialectique négative" et de ce que l'école de Francfort désignait comme "utopie". En effet, *c'est l'utopie qui fait la jonction* de la philosophie avec son époque... C'est avec l'utopie que la philosophie devient politique, et mène au plus haut point la critique de son époque... Ce qui compte... ce sont les divers types d'utopie, la révolution étant l'un de ces types. Il y a toujours dans l'utopie (comme dans la philosophie) le risque d'une restauration de la transcendance, et parfois son orgueilleuse affirmation, si bien qu'il faut distinguer les utopies autoritaires ou de transcendance, et les utopies libertaires, révolutionnaires, immanentes. Mais justement, dire que la révolution est elle-même utopie d'immanence n'est pas dire que c'est un rêve, quelque chose qui ne se réalise pas ou qui ne se réalise qu'en se trahissant. » (G. Deleuze et F. Guattari, *Qu'est-ce que la philosophie ?*, Paris, Les Éditions de Minuit, 1995, p. 95-96). La dichotomie proposée par Deleuze et Guattari oublie une troisième possibilité : un rêve d'utopie réalisée sur le modèle du *Todestrieb* de Freud.

84. Il s'agit d'une référence à das Offene, « L'Ouvert » de Rainer Maria Rilke, *Élégies de Duino*, traduit par É. Dortu (Paris, Actes Sud, 1991).

effectivement « la promesse de la logique dialectique : la réactivation de ses propres origines ». [85] L'homme, en tant qu'« animal utopique » est plus heureux lorsqu'il n'a aucun besoin, et surtout lorsqu'il n'a pas besoin de penser.

Les derniers mots de *Minima Moralia* ne laissent aucun doute quant à la conscience aiguë, chez Adorno, de cette circularité aporétique de toute philosophie – la captivité par défaut de la pensée et sa fuite potentiellement dangereuse vers la rédemption et le dépassement d'elle-même :

> La seule philosophie dont on puisse encore assumer la responsabilité face à la désespérance, serait la tentative de considérer toutes les choses telles qu'elles se présenteraient du point de vue de la rédemption. La connaissance n'a d'autre lumière que celle de la rédemption portant sur le monde : tout le reste s'épuise dans la reconstruction et reste simple technique. Il faudrait établir des perspectives dans lesquelles le monde soit déplacé, étranger, révélant ses fissures et ses crevasses, tel que indigent et déformé, il apparaîtra un jour dans la lumière messianique. Obtenir de telles perspectives sans arbitraire ni violence, uniquement à partir du contact avec les objets, telle est la seule tâche de la pensée. C'est la plus simple, parce que la situation appelle impérativement une telle connaissance, voire parce que la négativité parfaite, une fois regardée en face, se concentre en écriture spéculaire de son contraire. Mais c'est aussi la chose totalement impossible, parce qu'elle présuppose un point de vue éloigné – ne serait-ce que d'un rien – du cercle magique de l'existence, alors que toute connaissance possible ne doit pas seulement être extorquée à ce qui est pour devenir convaincante, mais est frappée de la même distorsion, de la même indigence qu'elle se propose de fuir. Plus la pensée, au nom de l'inconditionné, se ferme avec passion à ce qui risque de la conditionner, plus elle se livre, inconsciemment mais d'autant plus fatalement, au monde. Même sa propre impossibilité, elle doit la comprendre par amour du possible. Comparée à l'exigence à laquelle elle doit faire face, la question concernant la réalité ou l'irréalité de la rédemption devient presque indifférente. [86]

Une conclusion étoffée serait hors de propos ici. Au lieu de cela, on peut dire que le travail circulaire de la critique – dépendant des temps de crises, mis en circulation provisoirement jusqu'à ce que le temps lui-même soit racheté – apparaît comme une fonction de la sinuosité du désir utopique persistant, dont l'accomplissement éventuel et la fin sont entraperçus en rêve. L'utopie de reposer en paix, éternellement libéré du besoin et de la douleur, mène à ce qu'il y a de mieux après la mort. [87] La tristesse nostalgique-

---

85. T. W. Adorno, *Minima Moralia, op. cit.*, p. 212.

86. *Ibid.*, 333.

87. Lorsqu'il met en perspective le jeu, et son but, le bonheur, Freud suppose que « les pulsions d'auto-conservation, de puissance et de valorisation de soi » sujettes à la répétition sont « des pulsions partielles destinées à assurer à l'organisme sa propre voie vers la mort et à éloigner parmi les possibilités de retour à l'anorganique celles qui ne sont pas immanentes... Il reste que l'organisme ne veut mourir qu'à sa manière ; ces gardiens de la vie ont eux-mêmes été à l'origine des suppôts de la mort. » (*Au-delà du principe de plaisir*, p. 92). Il y a quelque chose, dans ce modèle de vie dialectique contre-intuitif, qui se reflète dans la vision individualisée du bonheur de *Sur l'eau*. La phrase « Rien faire comme une bête » réunit dans une allégorie (constituée par les instincts d'auto-conservation à l'œuvre dans la pulsion visant à réduire à néant toute tension, le but ultime de la vie organique, c'est-à-dire le non être), la pulsion à détruire son propre foyer organique et à restaurer la paix éternelle au-delà du plaisir, du soi et du lieu.

mélancolique, s'attardant sur la perte, la souffrance et la mortalité, coule à travers les chemins sinueux de la vie vers la « fin heureuse » rédemptrice de la mort. Pour ceux qui en sont déjà là, « la réalité ou l'irréalité de la rédemption devient presque indifférente. »

S. D. Chrostowska
Associate Professor
York University

Traduit par Elise Aru

PARUTIONS

Cours sur l'histoire de l'Humanité (1849-1851)
Auguste COMTE

Texte établi et présenté par Laurent Fedi, avec la collaboration de Michel Bourdeau et Olivia Leboyer.

Genève, Librairie Droz, 2017, 328 p.

Entre 1848, année du printemps des peuples en Europe et de l'avènement de la seconde République en France, et 1851, année du coup d'État de Louis Napoléon Bonaparte, Auguste Comte et ses disciples se sont activement engagés afin de transformer la philosophie positive en un mouvement politique doté d'un organe central : la Société positiviste, et qui aurait voulu disposer d'un outil de diffusion : la *Revue occidentale*, qui n'a vu le jour qu'après la mort du philosophe. Pour soutenir ce projet de réorganisation de la société, Comte a remplacé son *Cours d'astronomie populaire* par un *Cours de sociologie ou de philosophie de l'histoire*, qu'il a professé au « Palais-Cardinal », entendons au Palais Royal, pendant trois années consécutives de 1849 à 1851.

Jusqu'à la parution du manuscrit retrouvé dans les archives de Sciences Po Paris, le cours de 1849 semblait irrémédiablement perdu. La découverte par Massimo Borlandi des notes de cours prises par César Lefort, un disciple belge finalement renié par Comte, nous a rendu tout un pan méconnu de l'œuvre du fondateur de la Religion de l'Humanité. L'édition scientifique du texte a été assurée par des chercheurs liés à la Maison d'Auguste Comte. L'apparat critique établi par Laurent Fedi accompagne efficacement le lecteur, qu'il soit ou non versé dans l'œuvre de cet auteur. L'introduction (106 p.) présente les rapports mouvementés entre le copiste César Fort et son maître, puis situe le cours sur l'histoire de l'Humanité dans la trajectoire philosophique et la conjoncture historique du père de la sociologie, et enfin elle en analyse l'architecture et le contenu à la lumière des œuvres antérieures et postérieures du philosophe. Le manuscrit édité (144 p.) est éclairé par des notes nombreuses. Les annexes (38 p.) apportent une documentation utile : trois plans du cours, un résumé des diverses versions de la théorie des sacrements sociaux, une chronologie de la période 1848-1851, sans oublier un *index nominum* et une section consacrée aux témoignages de disciples ayant assisté au cours, dont celui du lexicographe Émile Littré et celui très détaillé de Philémon Deroisin, avocat et maire de Versailles de 1879 à 1888.

Ces notes de cours sont précieuses à plusieurs égards. D'une part, elles nous constituent un maillon intermédiaire entre le *Discours sur l'ensemble du positivisme* de 1848 et le premier tome du *Système de politique positive* de 1851. Le cours retrouvé nous fait ainsi entrer dans le laboratoire d'idées et de projets de Comte, à une époque charnière où le positivisme en tant que réflexion philosophique sur les sciences est en train de se métamorphoser en religion démontrée. D'autre part, les notes prises par César Lefort ont la vertu de nous restituer, bien qu'indirectement, la parole vivante d'Auguste Comte. Sur ce point, Laurent Fedi a raison de signaler que « l'un des intérêts majeurs de la publication du cours au Palais-Cardinal est la comparaison entre l'exposition orale et la composition écrite ». Mais plutôt que d'étudier la « forme orale du cours », il conviendrait de l'analyser en termes d'art oratoire.

Comte était un bon orateur. Émile Littré, qui n'en était pas un, dixit Philémon Deroisin, se souvient que Comte avait une belle voix, qu'il s'élevait sans effort à la hauteur du sujet et qu'alors l'auditoire, captivé ou touché, se sentait fier du professeur. Comte était capable de transformer cinq heures d'enseignement magistral, presque ininterrompu, en « heures bénies où nous avons senti le souffle de l'Humanité », pour reprendre les mots du docteur Robinet, un de ses plus fidèles disciples et auditeurs. Deroisin, qui n'hésitait pas à se moquer des excentricités de Comte, et qui en tant que magistrat devait s'y connaître en matière d'éloquence, atteste du fait que, pendant ces cours, aucun auditeur ne quittait la salle avant la fin de la séance : « l'orateur dominait son auditoire par l'autorité de sa parole qui reflétait la force de ses convictions ». Desroisin note aussi que c'était pour remplir la fonction d'« orateur sacré » que Comte a demandé à occuper le Panthéon.

Il est vrai que, à l'instar de Platon dans le *Gorgias*, Comte se méfiait des rhéteurs et des discoureurs. Il honnissait l'éloquence parlementaire et voyait dans les avocats l'illustration même de la politique métaphysique, prête à soutenir tout et son contraire. Pourtant, pour endosser le rôle de serviteur et de porte-parole du Grand-Être, Comte a dû déployer ses talents oratoires. En effet, pendant trois années à la suite, il a relevé le défi de tenir en haleine son public pendant 26 ou 28 séances dominicales, longues de trois heures en moyenne, afin de lui découvrir qu'il n'y a qu'une seule science, celle de l'Humanité, dont il faut saisir les invariables structurels – les lois statiques –, la marche historique – la dynamique –, et le tableau de l'avenir – l'état normal. Ainsi, le cours expose, premièrement, les rudiments de la théorie positive du cerveau, et ensuite le principe de base de la propriété : la faculté de produire au-delà des besoins immédiats, qui permet l'accumulation et la transmission des matériaux, de sorte qu'« on ne vit jamais sur présent ; c'est toujours sur le passé ». Puis, il est question de la famille en tant qu'unité fondamentale de la société – « tout homme est domestique » – car c'est là que s'amorce la résolution du grand problème humain puisque la satisfaction personnelle de l'instinct sexuel est sublimée en attachement conjugal. En deuxième lieu, il est question des thèmes classiques du positivisme : la loi des trois états, la loi de la classification des six sciences fondamentales et la loi d'activité pratique qui énonce le remplacement ultime de l'esprit militaire par l'esprit industriel. En troisième lieu, arrive la partie centrale du cours qui propose une vue d'ensemble de l'histoire universelle et surtout occidentale, conduisant le public de l'âge fétichique jusqu'à la Révolution française et ses prolongements au XIXe siècle. Or, s'agissant d'un cours parlé et non rédigé, Comte précisait à ses auditeurs une foule des références qu'il avait l'habitude de laisser déchiffrer à ses lecteurs. Comte obéissait dans ses leçons publiques, note Laurent Fédi, à une contrainte pédagogique : l'obligation d'être compris de tous, initiés et non-initiés. C'est pourquoi ces leçons regorgent de précieuses indications pour décoder les remarques allusives contenues dans les traités antérieurs ou postérieurs. Enfin, la partie historique débouche, en quatrième lieu, suivant l'exemple de Condorcet, sur une conception de l'état final de l'Humanité, prévu à la lumière de l'exploration de son passé et de la théorie abstraite de la nature et de l'esprit humains.

En orateur pédagogue, Comte sait éclairer son public à l'aide des rapprochements audacieux. Ainsi, il assimile les Spartiates à « une sorte de couvent de templiers, de moines militaires avec des femmes communes » (p. 168). De même, il conçoit l'expulsion des protestants sous Louis XIV comme une imitation de l'expulsion des Maures de l'Espagne (p. 221). Comte fait appel également à des analogies frappantes. Par exemple, quand il avance que « l'imprimerie n'est pas venue au monde comme un champignon, c'est-à-dire sans racines » (p. 210) ou que les préjugés sont « comme les *recettes* chimiques » : « des jugements portés sans connaître les démonstrations » (p. 245). D'autres rapprochements comportent un caractère sarcastique, notamment lorsqu'il s'agit d'exposer la politique métaphysique. Il tourne en dérision la séparation entre le pouvoir législatif et le pouvoir exécutif en la comparant au fait d'avoir « un acteur qui parle et un autre qui fait les gestes » (p. 263). Ou encore, au sujet de Napoléon et Joséphine Bonaparte, « c'est Mr Jourdain qui, de *mamamouchi* veut devenir empereur romain et répudier Mme Jourdain pour épouser Dorimène » (p. 233). Pareillement pour souligner le caractère transitoire de la période révolutionnaire, il avance que « l'anarchie peut être bonne, comme la fièvre, qui n'est pas bonne en soi » (p. 223).

Au lieu de lui offrir un résumé de ses livres, Comte soumettait au bon sens de ses auditeurs des idées nouvelles qu'il espérait développer. En effet, le cours de 1849 s'ouvre sur une nouveauté théorique, qui allait aboutir à l'introduction de la morale en tant que septième science : le tableau des fonctions cérébrales. Suivant cette théorie de l'âme humaine, notre nature se condense dans le cerveau grâce auquel notre espèce peut agir, penser et aimer. La région affective se décompose en un appareil égoïste et un appareil altruiste. Sur la base de ces considérations biologiques, Comte déduit une théorie sociologique de l'évolution humaine qu'il énonce à l'aide d'une utopie : si les hommes vivaient dans un environnement idéal, pourvu d'aliments en abondance, comme à Tahiti, « on passerait sa vie à aimer » (p. 127). Mais, dans la vie réelle, la rareté primordiale des moyens d'alimentation entraîne les luttes militaires et les artifices industriels. L'activité pratique réagit sur l'intelligence, dont le développement provoque une réaction affective : les instincts égoïstes se surexcitent et les instincts sociaux se compriment.

Ce bref exposé donne à entendre le grand problème humain ainsi que la clef du progrès social qui vise à promouvoir la prépondérance finale de l'altruisme sur l'égoïsme primitif. Le tableau de l'âme humaine sert à saisir l'influence du milieu sur le développement sélectif des penchants cérébraux et des mœurs contrastées au sein de l'occidentalité : « Le climat du Nord fait prévaloir l'individualité par l'instinct personnel le plus égoïste, c'est-à-dire par l'instinct nutritif qui est plus exigeant que dans le Midi et qui exige un plus grand déploiement de l'activité industrielle, et porte au mouvement industriel et scientifique. Le climat du Midi excite l'instinct sexuel qui rapproche davantage de la sociabilité » (p. 213). La force de l'exposé comtien consiste à faire sentir à son public le lien entre principes abstraits et constats ordinaires.

La parole de Comte n'est pas prisonnière de l'œuvre déjà écrite. L'orateur élabore en compagnie de son auditoire des propositions politiques qui sonnent juste encore à notre époque. Dans un contexte de protestantisme contre tout ce qui se fait, on pourrait, par exemple, « protester à l'avance, une fois pour toutes, dès le commencement de l'année » (p. 234). Dans un temps si attaché aux élections démocratiques, au lieu de fixer un nombre minimum des voix pour être élu, « on eût dû déterminer un maximum », car « l'élu a d'autant moins de chances d'être digne qu'il réunit plus de suffrages » (p. 269).

Ainsi, par la parole vivante qui perce à travers ces notes du *Cours sur l'histoire de l'Humanité* se dévoile, par delà la figure d'un Comte professeur, celle d'un philosophe orateur.

Tonatiuh Useche Sandoval

Le système d'Auguste Comte.
De la science à la religion par la philosophie
Annie PETIT
Paris, Vrin, 2016, 389 p.

Auguste Comte déconcerte le lecteur contemporain par la tournure systématique de sa pensée. La volonté de faire système nous apparaît comme étant indissociable d'une rigidité dogmatique, qui fige la complexité mouvante des phénomènes qu'elle cherche à cerner. Mais toute systématisation débouche-t-elle inéluctablement sur un esprit de fermeture et sur un épuisement de la recherche philosophique ? Cette question est au cœur de l'ouvrage publié par Annie Petit, qui a tant œuvré, depuis près de 30 ans, pour renouveler les études sur le positivisme comtien.

Cet ouvrage est le résultat de la refonte d'une thèse d'État soutenue en 1993 et de nombreux articles issus des recherches menées par Annie Petit sur Comte et sa postérité. Il s'agit, plus exactement, du premier tome d'une trilogie, puisque l'auteur prévoit de nous livrer par la suite un tome sur *La Sociocratie ou la politique positiviste* ainsi qu'un autre sur les *Avatars du positivisme comtien. Disciples, dissidents et faux-amis.* Ce volume initial comporte quatre parties qui retracent chronologiquement le travail inlassable de systématisation accompli par le philosophe. La première porte sur les « piliers du système ». La deuxième et la troisième parties abordent « les complexités de l'édifice construit » à travers les leçons du *Cours de philosophie positive*, en présentant ce long traité, à la fois, comme un ouvrage de philosophie des sciences et comme une histoire philosophique des sciences et des sociétés. Enfin, la quatrième partie, la plus longue, est centrée sur « le travail de reprise » accompli par le *Système de politique positive* et par « ses prolongements religieux », afin d'établir que « le système comtien, bien loin de s'achever dans une clôture autosatisfaite, proclame et programme une régénération tout entière à venir » (p. 241) : « Clore le système [...] serait aller à l'encontre de sa "positivité" même : ce serait nier l'une de ses propriétés essentielles, la "relativité" » (p. 238), c'est-à-dire son refus de l'absolu.

L'originalité des analyses d'Annie Petit consiste à souligner le sens d'ouverture qui est à l'œuvre derrière le caractère, de prime abord, rigide et conservateur d'un philosophe qu'elle n'hésite pourtant pas à qualifier d'« apôtre de la modificabilité » (p. 238). Pour déceler cette plasticité inattendue, l'auteur insiste, à plusieurs reprises, sur la nécessité de restituer au système comtien « une historicité parfois masquée par les allures dogmatiques que Comte a tenu à lui donner » (p. 25, 77 et 240). Il est vrai que, afin de doter son système d'une consistance dogmatique comparable à celle du dogme catholique qu'il espérait concurrencer et remplacer, Comte s'est attaché à fixer sa pensée, en la cristallisant par exemple sous la forme de tableaux systématiques, dont un des plus célèbres est la classification positive des dix-huit fonctions cérébrales (Annexe n° 7).

C'est pourquoi l'ouvrage revendique une « lecture généalogique » et philologique par laquelle Annie Petit ne s'attaque pas seulement aux amalgames caricaturaux entre le positivisme comtien et le scientisme. Elle prend également ses distances à l'égard des « lectures rétrospectives » qui escamotent les modifications et variantes introduites, à un moment donné, par le philosophe. Dans cette perspective, l'essentiel n'est pas d'identifier des « tournants décisifs », mais de « suivre le surgissement des termes par lesquels une pensée s'exprime et se déploie, où l'on voit les idées et les thèmes apparaître et s'imposer, s'infléchir, voire se transformer » (p. 300-301). Annie Petit récuse le projet de « vouloir lire Comte en partant du point de vue de sa dernière philosophie », car cela a l'inconvénient de « manquer les diverses étapes de la construction comtienne ». « Le critique a [...] le droit, voire le devoir de souligner les difficultés [du très long chemin parcouru par Comte], et n'a pas à défendre à tout prix la cohérence rétrospective que l'auteur voudrait se donner » (p. 335). Le propos ici est moins de nous montrer le système achevé par Comte, que son travail de systématisation. Comme le signale la conclusion générale, le but est de « montrer à la fois la continuité des exigences qui ont nourri le système d'Auguste Comte, mais aussi les variations et variantes qui l'ont pour certaines enrichi, pour d'autres appauvri » (p. 349).

En somme, la visée de l'auteur est « d'analyser les structures de cet édifice systématique tout en suivant la dynamique de la construction, y compris les échafaudages, les rectifications et rénovations, voire ses abandons et son inachèvement » (p. 349). Illustrons succinctement certains de ces aspects. Le système comtien s'est échafaudé sur une visée encyclopédique. Néanmoins, si Comte s'est inspiré du projet des encyclopédistes des Lumières, ce n'est que pour mieux s'en écarter dans les moyens d'accomplissement. Ainsi, le dessein de rassembler les connaissances théoriques en un condensé systématique a conduit Comte à « instaurer une circonscription générale du champ de nos recherches » (cité p. 68), alors que l'*Encyclopédie* de Diderot et d'Alembert avait une prétention totalisante, qui visait l'exhaustivité. C'est pourquoi Annie Petit peut conclure, que « le positivisme n'est pas un encyclopédisme ». Pour ce qui est des rénovations et des rectifications, elles sont inséparables d'un esprit scientifique qui travaille par « connaissance approchée » (p. 172, 192, 249) : « nos recherches, écrit Comte dans le *Cours*, ne sauraient aboutir, en aucun genre, à des résultats absolus, et peuvent uniquement fournir des approximations plus ou moins parfaites » (cité p. 88). Comme le signale judicieusement Annie Petit, « le dogmatisme coutumier de Comte n'hésite pas à se remettre lui-même en question » (p. 320). Par exemple, le « Tableau cérébral », tant de fois retouché, a été le produit de dix années d'une longue construction. Enfin, en ce qui concerne les inachèvements, rappelons que, vers 1854, Comte envisageait la rédaction d'une *Encyclopédie concrète*, précédée par les sept volumes d'une *Encyclopédie abstraite*, dont il n'a écrit que le premier tome.

Cela nous amène à conclure par cette étonnante formule d'Annie Petit : « au moment même où Comte fait le plus preuve de ce que nous pouvons appeler "une passion systématique" qui semble enserrer son système, le boucler sur lui-même de tant de façons, il l'ouvre en fait, et vers un maximum de possibles » (p. 330).

Tonatiuh Useche Sandoval

ABSTRACTS

T. W. ADORNO

Peut-on mener une vie juste dans un monde qui ne l'est pas ?
Notes sur Adorno et la morale
Christophe David

This article has no other ambition than to offer a description of the various texts Adorno devoted to moral philosophy, together with some remarks on Adorno's relation to moral philosophy. It pays attention not only to his reading of Ancient philosophy as well as Kant, Hegel or Nietzsche, but also to those moments when Adorno lays the foundations of a philosophy of liberty, praxis and resistance, or when he rethinks the relation between art and morals.

La fin de l'individu ? Adorno lecteur de Kant et de Freud
Katia Genel

This article examines the Adornian diagnosis of the "end of the individual" and takes it seriously, despite its exaggerated character. Indeed, the individual does not embody according to Adorno the critical consciousness it ideally represents in the world, since its consciousness and autonomy have been overturned and are more directly prone to processes of rationalization and reification. Nevertheless, the individual remains for Adorno a critical concept. How are we to apprehend individuality under the presupposition of its end? This question leads to study how Adorno crosses Freud and Kant to analyse the domination of individuals and search for critical ressources in the context of fonctionalization.

Sujet-objet : le dispositif Hegel-Kant
Emmanuel Renault

My purpose is to analyse how Adorno's reflections on the relation between subject and object stem from a confrontation between Kant and Hegel, where both philosophers come under an immanent critical scrutiny and where the one appears as the truth of the other, Kant or Hegel being deemed superior depending on the issue at stake. On the one hand, it is a matter of describing how that confrontation developed in the Lectures on Kant and Hegel, in the Three Studies on Hegel, in Negative Dialectics and in the "Subject-Object" essay; on the other hand, of measuring the structuring feature of the Kant-Hegel confrontation in many fundamental themes of Adornian thought, esp. the primacy of the object. The first part of the article focuses on the Hegelian theme of the reciprocal mediation of subject and object, whereas in the second part it is described how the primacy of the object can be apprehended both from Kant and Hegel. At last, Hegelian themes appear as more structuring when Adorno exhibits the problems of the role of experience in knowledge and the epistemological significance of the subject-object dialectics.

Adorno et la dialectique de la liberté
Isabelle Aubert

This article focuses on the ways Adorno deals with Kant's moral philosophy in the Negative Dialectics and in the preparatory lectures of that work, namely Probleme der Moralphilosophie and Zur Lehre von der Geschichte und von der Freiheit. Adorno's relation to Kant's moral theory is ambivalent, insofar as he considers it both as torn by "internal contradictions" and as "moral philosophy par excellence". The article is guided by the main reproach Adorno addresses to Kant, that of trying to solve the antinomy of liberty and of neglecting the dialectics of liberty and non-liberty. After extracting the semantic shifts made by Adorno, it shows how, by critically assessing Kant, Adorno renews moral thinking.

Lire Hegel contre Heidegger : la critique adornienne de la pensée de l'être
Lucie Wezel

This article shows that the opposition between Adorno and Heidegger, far from being reducible to one between rival schools of thought, is of a political nature – if one thereby means not a strategy for conquering power, but the necessary critical, historical, and social, inscription of a thought in its times. In that sense, one fundamental issue is the overcoming or rescue of metaphysics. The opposition is shaped by the reading of Hegel at the end of the 1950's: whereas Heidegger views in the Hegelian experience of consciousness the locus of an unconcealing of being, on the contrary Adorno insists on the irreducibly dialectical and historical dimension of Hegel's concept of experience.

Adorno et l'utopie : retours et détours
S. D. Chrostowska
Translated by Elise Aru

The essay argues that, despite many objections this claim may stir, utopian thinking plays a central role in Theodor W. Adorno's social critique. To make the case, one can draw on many passages in Adorno's works at different times, and especially on his critical engagements with Walter Benjamin, Thorstein Veblen, Oswald Spengler, and Aldous Huxley. Adorno offers two utopian visions: the first a "chronotope" in which the possibility of change is revived, an indeterminate time and place for action; the second an image of utopia achieved, from which all human cares have disappeared. It is suggested that these two visions, which one would expect to be teleologically linked, cannot exist on one experiential continuum. The difficulty, perhaps impossibility, of bringing them together is a particularly revealing index of the practical deficit in Adorno's thinking.

FICHE DOCUMENTAIRE

3ᵉ TRIMESTRE 2018, N° 154, 128 PAGES

Le dossier de ce numéro des *Cahiers philosophiques* est consacré à certains aspects majeurs de la philosophie de T. W. Adorno.
La rubrique « Introuvables » propose, en complément de ce dossier, la traduction d'un article de S.D.Chrostowska centré sur la caractérisation et la fonction de l'utopie dans l'œuvre d'Adorno.

Mots clés

Adorno Theodor W. : 1903-1969 ; Kant Immanuel : 1724-1804 ; Hegel Georg Wilhelm Friedrich : 1770-1831 ; Heidegger Martin : 1889-1976 ; dialectique ; individu ; liberté ; sujet ; utopie.

Vrin – Textes Clés
384 p. – 11 x 18 cm
ISBN 978-2-7116-2798-1 – janvier 2018

Textes clés d'histoire de la philosophie

Textes réunis par **Patrick Cerutti**

Avec des textes de Ferdinand Alquié, Yvon Belaval, Émile Brehier, Dan Garber, Giovani Gentile, V. Goldschmidt, Martial Gueroult, E.ugen Fink, G.W.F. Hegel, Dieter Henrich, Arthur O. Lovejoy, Alasdair MacIntyre, Quentin Skinner.

Peut-on faire l'histoire de la pensée ? La pensée est-elle le simple objet de cette histoire ou au contraire son principe, un principe qui par définition la dominerait ? L'histoire de la philosophie est aujourd'hui passée d'une conception spéculative à une pratique plus antiquaire. Et la conséquence de cette évolution, c'est la prise en compte du temps dans la méthodologie, c'est la construction de modèles de temporalité, c'est l'exigence de contextualisation des énoncés. La tâche de l'historien serait-elle donc de faire le relevé de ce qui change tandis que celle de la philosophie serait d'identifier ce que l'histoire n'altère pas, ce qui serait son domaine propre ? Les textes que réunit ici témoignent de cette tension et disent tout à la fois les limites de l'appropriation historique du passé par la pensée et cette nécessaire école de la pensée qu'est à l'histoire l'histoire de la philosophie.

Ithaque, enfin.
Essais sur L'Odyssée et la philosophie de l'imagination
Paolo Spinicci

Paolo Spinicci engage une libre méditation sur l'odyssée d'Ulysse, selon le contraste d'un temps cyclique, image d'une origine dont on ne sort pas, et d'un temps fini orienté, reconfiguré par le récit. À l'attraction métaphysique de la Vie infinie et qui se dévore elle-même, il oppose la construction humaine d'une histoire, qui suppose autant le surmontement de l'oubli que l'acceptation de la mort. C'est ainsi à une réflexion métaphysique radicale sur le partage en nous de ce qui est humain et de ce qui ne l'est pas, menée en termes aussi simples qu'éclairés par la parole du poète, que s'adonne le philosophe italien, dans son commentaire personnel de L'Odyssée.

Traduit de l'itallien par Jocelyn Benoist

Vrin – Philosophie du présent
88 pages – 12,5 x 18 cm
ISBN 978-2-7116-2833-9 – Septembre 2018

Cahiers Philosophiques

BULLETIN D'ABONNEMENT

Par courrier : complétez et retournez le bulletin d'abonnement ci-dessous à :
Librairie Philosophique J. Vrin - 6 place de la Sorbonne, 75005 Paris, France
Par mail : scannez et retournez le bulletin d'abonnement ci-dessous à : fmendes@vrin.fr
Pour commander au numéro : www.vrin.fr ou contact@vrin.fr

RÈGLEMENT

❑ France
❑ Étranger

❑ Par chèque bancaire :
à joindre à la commande à l'ordre de
Librairie Philosophique J. Vrin

❑ Par virement sur le compte :
BIC : PSSTFRPPPAR
IBAN : FR28 2004 1000 0100 1963 0T02 028

❑ Par carte visa :

_ _ _ _   _ _ _ _   _ _ _ _   _ _ _ _

expire le : _ _ / _ _

CVC (3 chiffres au verso) : _ _ _

Date :

Signature :

ADRESSE DE LIVRAISON

Nom
Prénom
Institution
Adresse

Ville
Code postal
Pays
Email

ADRESSE DE FACTURATION

Nom
Prénom
Institution
Adresse
Code postal
Pays

ABONNEMENT - 4 numéros par an

Titre	Tarif France	Tarif étranger	Quantité	Total
Abonnement 1 an - Particulier	42,00 €	60,00 €		
Abonnement 1 an - Institution	48,00 €	70,00 €		
			TOTAL À PAYER :	

Tarifs valables jusqu'au 31/12/2018

* Les tarifs ne comprennent pas les droits de douane, les taxes et redevance éventuelles, qui sont à la charge du destinataire à réception de son colis.

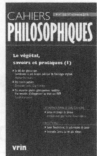

Derniers dossiers parus

Qu'est-ce que la philosophie sociale ?
Numéro 132 – 1er trim. 2013

De la théorie néolibérale
Numéro 133 – 2e trim. 2013

Varia
Numéro 134 – 3e trim. 2013

Mesurer
Numéro 135 – 4e trim. 2013

Le care : éthique et politique
Numéro 136 – 1er trim. 2014

L'Europe en question
Numéro 137 – 2e trim. 2014

Franz Fanon
Numéro 138 – 3e trim. 2014

Kant et Kleist
Numéro 139 – 4e trim. 2014

Diderot polygraphe
Numéro 140 – 1er trim. 2015

La révolution informatique
Numéro 141 – 2e trim. 2015

Approche sociale de la croyance
Numéro 142 – 3e trim. 2015

Siegfried Kracauer
Numéro 143 – 4e trim. 2015

Arthur Danto
Numéro 144 – 1er trim. 2016

Talmud et philosophie
Numéro 145 – 2e trim. 2016

Varia
Numéro 146 – 3e trim. 2016

Le travail du juge
Numéro 147 – 4e trim. 2016

John Stuart Mill
Numéro 148 – 1er trim. 2017

La mémoire
Numéro 149 – 2e trim. 2017

C. S. Peirce
Numéro 150 – 3e trim. 2017

Aperçus de la pensée stoïcienne
Numéro 151 – 4e trim. 2017

Le végétal, savoirs et pratiques (1)
Numéro 152 – 1er trim. 2018

Le végétal, savoirs et pratiques (2)
Numéro 153 – 2e trim. 2018

Achevé d'imprimer le 12 décembre 2018 par *La Manufacture - Imprimeur* – 52200 Langres
Imprimé en France – N° d'imprimeur : 181510 – Dépôt légal : décembre 2018